練習好好變老

你一定會老，但要老得自在從容！
醫學博士從112個關鍵字
解讀高齡人士的心理與行為邏輯，
消除你對老後的恐懼與不安

VW0024

練習好好變老

你一定會老，但要老得自在從容！醫學博士從 112 個關鍵字解讀高齡人士的心理與行為邏輯，消除你對老後的恐懼與不安

原著書名　あなたのまわりの「高齢さん」の本 高齢者の心理がわかる 112 のキーワード

作　　　者 —— 佐藤真一
譯　　　者 —— 黃薇嬪
出　　　版 —— 積木文化
總　編　輯 —— 江家華
主　　　編 —— 洪淑暖
版 權 行 政 —— 沈家心
行 銷 業 務 —— 陳紫晴、羅仔伶
發　行　人 —— 何飛鵬
事業群總經理 —— 謝至平
城邦文化出版事業股份有限公司
台北市南港區昆陽街 16 號 4 樓
電話：886-2-2500-0888　傳真：886-2-2500-1951
發　　　行 —— 英屬蓋曼群島商家庭傳媒股份有限公司城邦分公司
台北市南港區昆陽街 16 號 8 樓
客服專線：02-25007718；02-25007719
24 小時傳真專線：02-25001990；02-25001991
服務時間：週一至週五上午 09:30-12:00、下午 13:30-17:00
郵撥：19863813　戶名：書虫股份有限公司
讀者服務信箱：service@readingclub.com.tw　城邦網址：http://www.cite.com.tw
香 港 發 行 所 —— 城邦（香港）出版集團有限公司
香港九龍土瓜灣土瓜灣道 86 號順聯工業大廈 6 樓 A 室
電話：852-25086231　傳真：852-25789337　電子信箱：hkcite@biznetvigator.com
馬 新 發 行 所 —— 城邦（馬新）出版集團 Cite (M) Sdn Bhd
41, Jalan Radin Anum, Bandar Baru Sri Petaling, 57000 Kuala Lumpur, Malaysia.
電話：(603) 90563833　傳真：(603) 90576622　電子信箱：services@cite.my
封 面 設 計 —— 郭忠恕
內 頁 排 版 —— 薛美惠
製 版 印 刷 —— 上晴彩色印刷製版有限公司

【日文版製作人員】
裝幀、正文設計、插畫：MODOROCA
DTP、圖表製作：Tokyo Color Photo Process Co., Ltd.
校正：東京出版服務中心（股）
編輯協助：神田賢人、松澤 YUKARI
責任編輯：池上直哉

【印刷版】
2024 年 4 月 25 日　初版一刷
售　價／ NT$390
ISBN ／ 978-986-459-589-1

【電子版】
2024 年 5 月
ISBN ／ 978-986-459-592-1（EPUB）

練習好好變老：你一定會老，但要老得自在從容！醫學博士從 112 個關鍵字解讀高齡人士的心理與行為邏輯，消除你對老後的恐懼與不安 / 佐藤真一著；黃薇嬪譯．-- 初版．-- 臺北市：積木文化出版：英屬蓋曼群島商家庭傳媒股份有限公司城邦分公司發行，2024.04
面；　公分．--（VW0024）
譯自：あなたのまわりの「高齢さん」の本：高齢者の心理がわかる 112 のキーワード
ISBN 978-986-459-589-1（平裝）
1.CST: 老年心理學
173.5　113002280

前言

「老人有在思考未來嗎？」
我們欠缺對於「未來的自己」的想像力

我們對高齡者了解多少？

日本目前已經進入超高齡化社會，六十五歲以上的高齡者佔總人口將近三十%，日本女性的平均壽命也來到八十八歲，男性也有八十三歲。百歲以上的人瑞更是即將超過九萬人。

需要照護的人口正在逐年增加，這是隨之而來的問題。七十歲在過去被視為高齡，但是現在有不少七十幾歲的人保養得很好，外表看起來還以為是中年人。各式各樣的變化正在發生，無法都以一句「高齡者」概括。

坊間各類型與高齡者有關的研究也在進行，另一方面，令人難以理解的狀況也在逐漸增加。

大約四十五年前，我進入大學心理系鑽研高齡者的心理，但當時的心理系沒有與高齡者有關的課程，我與指導教授討論後，決定進入發展心理學研究室。

那個研究室主要是在做與幼兒、兒童相關的課程和研究，但我堅持要研究高齡者，一邊接受研究生的建議一邊自主學習，畢業論文的主題也與高齡者有關。當時的大學同學對我說過的話，我至今都還記得——

「研究沒有未來的老人，有什麼意義？」

我聽到這句話的瞬間，腦海中掠過的想法是——小孩也不見得有未來，就連我們自己也是。不管是小孩、年輕人或老人，大家不都是相信未來存在，才會活到現在嗎？

小孩和年輕人往往以為自己有無限的未來，我在二十出頭時也是這麼想。那麼高齡者也是嗎？我在想，他們或許認為自己時日無多，但不會認為自己「沒有未來」，同時我也再次確定我們對於高齡者不夠了解。

在那之後，我進入研究所研究老年心理學。後來日本社會走向高齡化，在這樣的時代變化中，高齡者研究逐漸受到矚目，我也因此有機會撰寫幾本相關書籍。當年對我說「老人沒有未來」的同學，以及其他認為「想要研究老人很奇怪」的同學們，現在也承認我堅持研究高齡者是明智之舉。

我能夠在高齡者研究上持續四十五年，也是因為我發現愈深入研究，就出現愈多新的疑問與挑戰。目前成為我重要研究主題的「失智症研究」也是其中之一。對於身處高齡者研究領域的我來說，開始從心理學的角度探索「如何能夠緩解失智症高齡者及其家屬的不安」，也是再自然不過的發展。

幸福與痛苦都展現出不同於年輕時的樣貌 活在有限的未來裡的「高齡者」

我自己也在二〇二一年成為六十五歲的高齡者。我在即將慶祝六十大壽的前夕，發現罹患大腸癌，因此接受耗時六個半小時的達文西手術切除病灶。值得慶幸的是，後來歷經五年的觀察期，確定癌症沒有復發，看來我暫時能夠繼續活下去了。但是手術的後遺症影響甚巨，我減少的八公斤體重只回復了大約一半，因此我每天都在努力擺脫衰弱。那段期間，我的母親、弟弟和幾位朋友陸續辭世，看盡身邊人的生老病死。另一方面也有朋友抱孫，眉開眼笑，彷彿此刻就是這輩子最幸福的時刻。

剛成為老人的我已經開始體會到，活到這麼老才會看到，幸福與痛苦會以不同於年輕時的樣貌出現。在我們身邊的每位高齡者也各自感受著幸福和痛苦，朝有限的未來繼續活下去。

本書將這些過著極度平凡生活、彷彿鄰居般的高齡者暱稱為「高齡人士」，解讀在他們背後的心理，也期許本書列出的一一二個關鍵字，不僅能夠幫助讀者與父母、祖父母溝通，也有助於與我們身邊的「高齡人士」們交流。

——佐藤真一

目次

PART III

「高齡人士」做出詭異行為的祕密

PART

I

「高齡人士」的真實樣貌

CONTENTS

老人、年長者、
銀髮族……
錯了！
在你身邊的是
「高齡人士」！

有人說現在的「高齡人士」比以前的「老人」年輕許多，這是真的。
而且最近的研究已知，人不管到幾歲仍然會持續成長。
換句話說，成長與老化是相輔相成的現象。
因此現在或許已經不適合用「老人」一詞來概括所有上了年紀的人。

你以為每個人年紀大了自動就會變成「老人」，這可是大錯特錯

就像零歲的幼兒稱為嬰兒，稱呼一定年紀的成年人為「老人」是很普遍的情況。
但是並非每個時代的「老人」都一樣，更何況還有個人差異，因此從這個角度來看，我們不會「隨著年齡增長，自動變成老人」。
事實上，年紀大到以前會被稱為「老人」的高齡人士們，多半身體、認知能力仍然很健康。他們很多人積極參與社會，朝著自己的目標邁進，實在不適合被稱為「老人」。

也因為有愈來愈多人追求健康長壽，因此他們開始注意到過去沒發現的事物，那就是——**高齡人士並非只是虛弱衰老的人**。

他們的身體確實不如從前，各部分的機能也在逐漸衰退，但是睿智和創造性等不見得全是年輕人的天下，即使高齡人士的能力有些下滑，但有研究結果指出，某些領域的高齡人士反而發揮得比年輕人更好。即使身體衰竭，只要有智慧和創造性彌補，**人不管到幾歲都能成長**。

換個方式說，就是老化與成長相輔相成，或也可以說老化與成長會同時發生。

德國心理學家巴爾特斯（Paul B. Baltes）主張把這兩者合併定義為「發展」。「**人終其一生都在發展**」的想法正在逐漸成為目前的主流。

既然如此，老人究竟是什麼？人活著的時候不斷地在發展，所以年輕人與老人的分界線事實上已經變得很模糊。老人不認為自己是「老人」，事實證明與二十年前相比確實如此，然而我們卻十年如一日，只把他們當成是年紀大的人，當成我們想像中的「老人」來對待。就是這種「高齡者觀念」的落差，引發了超高齡社會中的各種社會問題。

為了與過去的定義做出明確區隔，因此本書不用「老人」這個名稱，決定換個說法改用「**高齡人士**」。意思就是說，他們不單只是年華老去、逐漸衰老的人，更是**憑著自身豐富的經驗，以超乎想像的言行舉止，讓我們深思人生意義的人**。

本書的目標就是要更深入了解這些高齡人士，找出彼此相處時更舒適的方式。

過去的「高齡者」
現在也仍然是高齡人士。
人到幾歲才算「高齡人士」？

儘管人一輩子都會成長，但身體會老化。
不可否認高齡者照護的現實已經成為嚴重的社會問題。
那麼，人到幾歲開始才算是「高齡人士」呢？
專家認為，現在的「高齡人士」定義要比二十年前年輕十歲。
不過這個定義今後或許又會改變。

六十幾歲還太年輕，目前的標準是七十五歲以上

醫療技術的發展減少了英年早逝的情況發生，再加上近年來抗老化研究盛行，我們的生物年齡（biological age，簡稱ＢＡ，意思是細胞年齡）遠比以前更年輕，因此不禁要問：「幾歲起才算是高齡人士？」

以前姑且有定義「實際年齡（實足年齡）超過六十五歲者」稱為高齡人士，可是現在經過科學檢驗後發現，高齡人士的身體狀況和活動能力比十幾二十年前年輕

了十歲。主要原因是社會基礎設施完善，衛生環境顯著提昇，營養和生活習慣有許多顯而易見的改善，醫學與藥學領域也有各類研究和開發，降低了腦血管疾病等文明病的重症化機率，因此即使年老也能夠維持健康久久。

由老年學相關的七個學會組成的日本老年學會與日本老年醫學會，面對這種狀況，提議重新修正高齡人士的定義。以下是詳細內容：

- **六十五歲到七十四歲為次高齡人士**
- **七十五歲到八十九歲為高齡人士**
- **九十歲以上為超高齡人士**

六十五歲到七十四歲的人在十年前、二十年前是高齡人士，現在只是次高齡人士。工作上目前仍在職的人，也有不少是這個年齡層，將他們與超過七十五歲的高齡人士一視同仁未免太不合理。同樣情形也發生在高齡人士與超高齡人士之間；超過九十歲的人之中，有愈來愈高的比例在生理和認知方面無法自理，如果把這些人與能夠自立生活的高齡人士一視同仁，將會出問題。

但是這個定義也不是永遠有效，永遠不變，畢竟**人類在此之前不曾經歷過像日本現在這樣的高齡社會**。

舉例來說，日本超過百歲以上的高齡人口，在一九六三年剛開始調查時是一百五十三人，到了一九九八年突破一萬人，二〇二〇年堂堂跨越八萬人。百歲以上的人口是幾百人還是幾萬人，必須關注的焦點也不同，百歲人口今後持續增加的話，需要考慮的就是不一樣的問題了。

至於成年子女與父母同住，在過去幾乎都是「為了家庭的存續」，現在則普遍是照護需求，原因也與百歲人口增加有關。隨著社會上的高齡人士比例愈來愈高，今後也將出現各式各樣的新問題與新發現吧。

對於提高高齡人士年齡的定義，也有些人持反對意見；因為年齡定義改變，年金的支付期就會延後。由此可知高齡人士的定義，不能只以生理因素作為判斷依據，也會受到社會制度的影響。

「高齡人士」
與我們有什麼不同？
「高齡人士」
擁有我們沒有的能力！

高齡人士的身心日日都在動盪。

有些時候能夠控制好情緒，有些時候則否。

在你身邊如果也有行為出現問題的高齡人士，

請深呼吸之後想像一下，

發生這種情況或許是有原因的。

能夠敏銳察覺昨天的自己與今天的自己不同。「情緒自我調節」能力比年輕人強

高齡人士的定義之所以模糊，除了年齡區隔多變之外，再來就是每個人的狀況也不同。

首先年齡的定義就不見得只有按照曆法計算的方式，有些人雖然實足年齡是七十五歲，但生物年齡卻是六十歲，也有人是八十歲。

那麼，高齡人士和我們最關鍵的差別是什麼？

首先是年紀一大，人的身心就會密切互相影響，身體狀況的變化幅度也較年輕時更大，這是高齡人士的特徵。昨天能夠做到的事今天卻辦不到，他們就會情緒低落哀嘆：「我老了。」接下來不只注意身體負面的變化，有時也會因為「今天的狀態比昨天好」而開心。就像這樣，**高齡人士會藉由當天的身體狀況和心理狀態，敏銳察覺「昨天的自己和今天的自己不同」**。只不過老是太敏感的話，很容易因為太在意每天的變化而影響到生活，為了避免這種情形發生，必須控制好自己的情感，阻止負面情緒產生，特別是遇到對自己來說不好的事情時。

控制情感的作用稱為「**情緒自我調節**」，一般來說高齡人士比年輕人更擅長發揮這個作用。**多虧有情緒自我調節作用的幫忙，高齡人士才能夠正面看待自己的老化，迎向穩定的老年生活**。

只不過這是指能夠好好控制情緒的場合，實際上高齡人士還是會為了自己當天的身體狀況與精神狀態變化又喜又憂，不同的人生經驗，也會造成每個人對於自己的老化有不同的看法，這稱為**主觀年齡**。一般來說高齡人士往往認為自己還年輕。

簡言之就是，比起別人覺得他們年輕，高齡人士更願意相信自己還年輕。這種反應不是壞事，但自認為年輕的人，愈容易因為現實的落差感到痛苦，情感控制能力或許也會因此降低。

假如你身邊的高齡人士出現極度易怒等問題行為，**必然存在超乎我們想像的原因**。

那位高齡人士現在有什麼個人煩惱？有什麼人際關係問題？在遇到這些問題之前經歷過什麼樣的人生？我們在與高齡人士往來時，必須隨時從這些角度去應對。

此外，成為高齡人士之後，生活中會出現愈來愈多負面的生活事件，例如：退休失去社會價值或失去親近的人等，這些也是導致高齡人士行為出現異狀的重要因素之一。

老化已經能夠治療？

「老」的觀念已經改變！

靠醫學的力量就能治癒

以前的看法認為老化是自然現象，沒有辦法阻止。
現在儘管還是無法完全阻止，
但某些程度上來說已經能夠延緩，甚至能夠治癒。
需要具備的是高齡人士與家人的理解，
並吸收適當的知識。

預防身體不適與機能衰退，就能夠延緩「老化」

我們長久以來都認為「老化」是自然現象，因此沒有想過要去醫治老化。

但是現在這種想法有了明顯的改變，**老化已經逐漸變成可治療**的病症。

各位聽過「**衰弱症**」嗎？一般來說，高齡人士的身體功能與健康狀態急速下降的風險比年輕人更高，這個**風險變成具體形式展現的症狀**，就稱為「老年衰弱症」。上了年紀，體溫調節功能失去作用，當環境溫度劇烈變化時，血壓就會忽高忽低或引發心悸等，這種現象稱為「**熱休克**」**反應**，容易出現在高齡人士身上也是因為「老年衰弱症」的緣故。老化使得認知功能降到平均值以下（記憶力和判斷力衰退等），也被認為與老年衰弱症有關。

失智症與認知功能衰退的差別在於，前者無法治癒，除了緩解症狀外，沒有其他辦法；相對來說，後者有時是失智症的前期階段，但有可能治癒。

從這個觀點來看，「老化造成的各種症狀可以緩解，但無法治好」的想法，現在已經變成「**老化可以靠醫學治療、支持**」。

換句話說，「老化」也成為醫治的對象。日本全國各地有不少醫療院所開設「失智症預防門診」或類似的專科，未來或許也能夠開立預防失智症的處方藥物。

衰弱症不只發生在生理、認知功能上，在高齡人士身上也經常看到「**社交衰弱症**」，也就是社會交流、參與社會活動的機會顯著減少的狀態。有「社交衰弱症」的高齡人士，特徵包括身體不適或機能衰退，因此活動範圍變窄；或是人際關係淡薄、缺乏好奇心等，因此減少外出。這種狀況若是繼續下去，發生「**生理衰弱**

症」、「**認知衰弱症**」的風險就會提高，變成惡性循環。

反過來看，從事社交等**預防所有衰弱症的舉動，就能夠延緩老化**。今後預防衰弱症將會是社會的一大目標，實際上早有人制定許多相關的預防指南。

順便補充一點，預防生理衰弱症最有效的方式就是運動，能夠提高心肺功能、提昇體力和耐力的**有氧運動**尤其不可少，我推薦快走、游泳、水中漫步等運動。

想要預防認知衰弱症與社交衰弱症，必須參與可提高**幸福感**（Well-being，指身心兩方面均良好的狀態）的社交活動與交流。找機會頻繁外出辦事，或是藉由培養嗜好和當志工建立積極正向的人際關係，不僅能夠預防「社交衰弱症」，也能夠同時預防「生理衰弱症」與「認知衰弱症」。

先試著與你身邊的「高齡人士」說話！

高齡人士總是對任何事情都不爽而且易怒？
不對不對！那或許只是對方感受到你的不悅而已。
高齡人士面無表情只是因為做表情很困難，
所以你先微笑主動向對方搭話吧，
對方一定也會回以美好的笑容。

你對自己的父母了解多少？想要更加理解「高齡人士」，就要微笑搭話

我想有些人或許鮮少與父母說話，尤其是最近，COVID-19＊疫情之後有愈來愈多子女無法回鄉，安養院和醫院也限制會面，年輕一輩與高齡人士之間溝通不足，當然也就很容易產生誤解。

＊ 譯注：臺灣衛福部公佈的正式名稱是「嚴重特殊傳染性肺炎」（COVID-19）。

每個人都喜歡會替他人著想的人，覺得對方對自己很體貼就會想要回報對方。人如果少了溝通，就無法活得像人，對話愈多愈能夠為對方著想。有些高齡人士只因為臉很臭就被人找碴，但他們真的在不爽嗎？高齡人士比年輕人更難展露表情，他們之所以擺臭臉，或許是因為「你」本身看起來很不爽。

有句話叫**情緒感染**；看到面前的人在微笑，我們也會跟著笑；對方臭臉，我們也會跟著臭臉，這就是情緒感染，是腦神經細胞（鏡像神經元〔mirror neuron〕）掌管的作用，科學家認為這個作用是在藉由模仿對方，深入了解他人的情緒。高齡人士能夠比年輕人更敏銳察覺自身的危險，因此更容易情緒感染。

透過情緒感染傳達的不是只有負面情緒，**只要我們面帶微笑說話，對方也會微笑回應**。

因此可以盡量與高齡人士直接面對面，好好展露表情，與對方溝通。這樣做，高齡人士一定也會熱情回應。

PART II

關於「高齡人士」

CONTENTS

從幾歲開始算是老人？

——高齡人士不認為自己是老人

年老在生理上、心理上會產生什麼樣的變化？
家人的看法與當事人的感覺不同嗎？
這裡將找出年齡增長的理想方法。

日本人的平均壽命有年年增長的趨勢，根據日本厚生勞働省（相當於臺灣的衛生福利部）發表的「令和二年簡易生命表」顯示，二〇二〇年女性平均壽命是八十七．七四歲，男性是八十一．六四歲，日本女性的平均壽命排名世界第一，男性排名世界第二，因此稱日本為長壽國一點也不為過。從前講人生在世五十年，那現在的日本幾歲開始才適合稱為「老人」呢？

目前日本醫療保險制度定義，**六十五～七十四歲是前期高齡人士，七十五歲以上稱為後期高齡人士**，制度上把六十五歲以上的人擺在高齡人士的位置，但六十幾歲的人很少會認為自己是「老人」，感覺上幾十年前的六、七十歲人比現在更蒼老，各位或許可以想想自己的祖父母。那麼為什麼當時的六、七十歲人不管是外貌或內在，看起來都遠比現在蒼老呢？

現在的高齡人士看起來年輕的原因之一，就是飲食生活與衛生狀態大幅改善的關係。全球糧食產量大增，民眾可以攝取到足夠的營養，再加上自來水與污水設備完善，預防接種普及，傳染病減少，民眾對於健康的意識提高，養成了定期運動或避免抽菸喝酒的習慣。

日本人雖然長壽，但並不是青壯期延長了，而是上了年紀後的老化速度趨緩。人成長、老化的速度原本就沒有一定，從出生到十幾歲這段期間身心急速成長，成長完成的狀態持續了很長一段時間後，就會開始老化。過去是從五十歲左右起，身心就會逐漸衰老，現在有很多人直到八十歲仍然可維持健康狀態，過了八十歲才逐漸衰老。

高齡人士的主觀年齡比實足年齡年輕

近年來有愈來愈多人即使上了年紀，仍然繼續活躍在運動等領域，外表看起來也是年輕有行動力，樂於挑戰更多的新事物。比方說，滑雪選手兼登山家的三浦雄一郎先生，在二〇一三年迎接八十歲時，第三次成功登上聖母峰。後來他大病痊癒，到了二〇二一年東京奧運時，以八十八歲的年紀擔任富士山五合目*的聖火跑者。

就像這樣，最近高齡人士有許多令人眼睛一亮的活躍表現。相反地，也有高齡人士儘管身體機能逐漸衰退，卻仍然勉強運動、弄壞身體，因為他們沒注意到想像中的自己與實際的體能之間有落差，看在別人眼裡只覺得：「他已經不年輕了還在逞強。」但當事者卻不這麼想。這種情形也與「主觀年齡」有關。

實際的年齡稱為「**實足年齡**」（chronological age，簡稱ＣＡ）。自己感覺的年齡稱為「**主觀年齡**」。調查個人的主觀年齡幾歲時，得到的結果[*1]是，六十～七十歲者的主觀年齡比實足年齡小約六～七歲，五十～六十歲者的差距是六歲，四十歲者差距四～五歲，由此可知年紀愈大，與主觀年齡的差距也就愈大，而且多數人都是用主觀年齡看自己，不是實足年齡，採取行動也都是根據主觀年齡。

以時尚為例，鎖定老年人客群的服飾據說銷路都會很差，因為高齡人士覺得自己更年輕，不適合那些衣服。畢竟時尚呈現的是「希望自己在別人眼中是這個樣子」的願望，多數高齡人士都不認為「上了年紀就該捨棄時尚，改穿符合實足年齡的衣服」，反而配合主觀年齡穿搭，想讓外表與主觀年齡相符。

高齡人士注重外表也是因為主觀年齡。現在多數人只要白頭髮變得醒目，就會

---

* 譯注：富士山海拔三千七百七十六公尺，依照高度分成一合目到十合目，其中地勢最低點稱為一合目，山頂的最高點為十合目。五合目位在海拔兩千三百零五公尺的半山腰。

*1 出處：佐藤真一、下仲順子、中里克治、河合千惠子 1997《從生涯發展的觀點看年齡認同的族群差異、性別差異及其影響因素》發展心理學研究，8(2), 88-97。

染髮讓自己看起來年輕些；過去把白髮染黑就像在承認自己老了，所以不少人很排斥，但現在染髮反而很普遍，不分男女，社會大眾已經接納染髮是時尚的一環。其他還有消除皮膚黑斑、細紋等**抗老化**的流行，也是顧慮到主觀年齡的緣故。

主觀年齡還年輕，所以能夠活得積極正向

過去的價值觀是一旦成為老人，行為就要配合實足年齡，保持冷靜穩重。現在拿年齡當藉口質疑高齡人士行為的情況已經減少，價值觀甚至已經變成「比實足年齡年輕不是比較好嗎？」換句話說「老」已經成為負面的意思，人人都想避免。

主觀年齡年輕，會不會就是高齡人士積極生活所必須的心態呢？因為主觀年齡年輕，十年後仍然覺得自己很年輕，對於未來就會充滿展望與希望。就算身體機能隨著年齡增長而下降，高齡人士還是能夠正面思考：「我的身體無法隨心所欲活動，但腦袋很清楚」、「我對子女、孫子女仍然很有幫助」。

高齡人士隨著年紀愈來愈大，不會為了滿足自己的需求去改變四周狀況，而是

配合四周狀況改變自己的想法，保持積極正面的情緒，因此心中的幸福感不會減少。

此外，雖然「老」很容易被視為否定的意思，但也不能忘了肯定的意義。多數人都認同高齡人士擁有年輕人缺乏的能力，因為**年紀愈大，人生經驗更加多采多姿，也就能夠培養出體貼、包容、深刻的洞察力等**。儘管身體機能隨著年齡增長而下降，生活圈因此受限，但他們也不會感覺到孤獨痛苦，反而能夠加深自己的內心世界。

精神富裕且生活幸福的高齡人士，是帶給年輕世代希望的指標。

生涯發展

發展不只包括「成長」，也包括老化。

從心理學的角度來看，過去認為「發展」與「老化」是完全相反的兩回事，主流看法認為人類的發展隸屬於成長期的嬰幼兒期、兒童期、青年期，成長期一結束就開始老化，但是現在反而認為發展不是只有「成長」，也包含老化等多種變化。換句話說，現在的想法認為人一輩子都在持續發展。

近幾年常用「老化」取代有衰退意思的詞彙，也廣泛使用意思較中立的「熟齡」。「熟齡」也有肯定年紀大是好事的意思。

從出生到死亡既是成長也是老化，別忘記人會持續發展。

年齡歧視（Ageism）

認為高齡人士的能力差，只是一群廢物，屬於負面的歧視用詞。

年齡歧視是指歧視某些年齡的人，只因為對方年老，就對他產生偏見或負面的刻板印象。高齡人士有時也會被其他人說：「你年紀大了，別勉強自己。」聽到這些話，高齡人士也會認為「我老了」、「我乖乖待在家裡別出門吧」，這也是加速老化的原因。

消除年齡歧視，需要社會大眾對於高齡人士有正確的認識。想知道自己對高齡人士了解多少，請做下一頁的「老化常識量表」。

過去提到高齡者，一般人往往以為是「需要扶持」的對象，事實上他們才是支撐社會的重要支柱。

〈老化常識量表〉下列哪些正確？

1 高齡人士（六十五歲以上）大多數都癡呆（記憶力衰退，難以正確認出身旁的人、判斷發生什麼事、什麼時間等，快有失智症）。
2 上了年紀，感官能力（視覺、聽覺、味覺、觸覺、嗅覺）往往會衰退。
3 大多數的高齡人士對性行為不感興趣或是性無能。
4 年紀愈大，肺活量愈差。
5 大多數高齡人士經常覺得自己很可憐。
6 年紀一大，體力往往也跟著衰退。
7 高齡人士每十人當中就有一人住在長期照護機構（安養院、精神病院、老人之家等）。
8 高齡駕駛人引發交通意外的比例，比未滿六十五歲的駕駛人低。
9 中高齡勞工的工作效率通常比年輕勞工低。
10 高齡人士每四人當中就有三人以上很健康，不需要他人協助也能正常活動。
11 高齡人士大多無法應付變化。
12 一般來說高齡人士學習新事物會比年輕人更花時間。
13 高齡人士比年輕人更容易陷入憂鬱狀態。
14 高齡人士的反應比年輕人慢。
15 總的來說，高齡人士全都大同小異。
16 高齡人士大多數很少覺得無聊。
17 高齡人士大多數都是社交孤立。
18 中高齡勞工發生意外的機率比年輕勞工低。
19 現在人口的二十％以上是六十五歲者。
20 半數以上的醫療相關人員都想避開高齡人士。
21 大多數高齡人士的所得，都在政府規定的貧窮線之下。
22 幾乎所有高齡人士都在工作或想要工作（包括做家事、從事志工活動在內）。
23 高齡人士的信心隨著年齡愈大而加深。
24 大多數的高齡人士認為自己很少不耐煩或發脾氣。
25 高齡人士的健康狀態與社會經濟地位（與年輕人相比）在二〇一〇年幾乎相同或趨於惡化。

（正確答案：奇數題全是×，偶數題全是○。題目設計當時是根據美國的統計資料，因此第19題在日本的答案是○。）

出處：Erdman Ballagh Palmore The Facts on Aging Quiz, 1998/2002增修

主觀年齡（實足年齡、生物年齡、年齡常模）

個人主觀認為的年齡，不是曆法上的年齡。

提到年齡通常都是指根據曆法上的出生年月日計算的「實足年齡」。無視實足年齡，自己覺得幾歲就是幾歲，稱為「主觀年齡」。我們小時候總是覺得「我比實足年齡還要成熟」，此時的主觀年齡就高過實足年齡；到了快二十五歲時則是相反，反而認為自己「比實足年齡年輕」。年過二十五歲、年紀愈來愈大之後，實足年齡和主觀年齡的差距也會逐漸擴大（參見下圖）。

除了實足年齡與主觀年齡之外，還有表示健康狀態和體力等的「身體功能年齡」。比方說，實足年齡四十歲的人接受健康檢查和體力測驗時，會聽到「你的血管年齡是二十幾歲」、「體力下降到五十歲的水準」等說法，這就是「身體功能年齡」。

即使實足年齡同歲，每個人的健康狀態與是否在運動等，也會造成身體功能年齡出現差異。

此外，社會大眾通常會期待我們的行為與判斷力符合實足年齡，甚至有「小孩要像小孩」、「老人要像老人」等說法。檢視行為與判斷力是否符合實足年齡的標準，稱為「年齡常模」（Age Norm）。

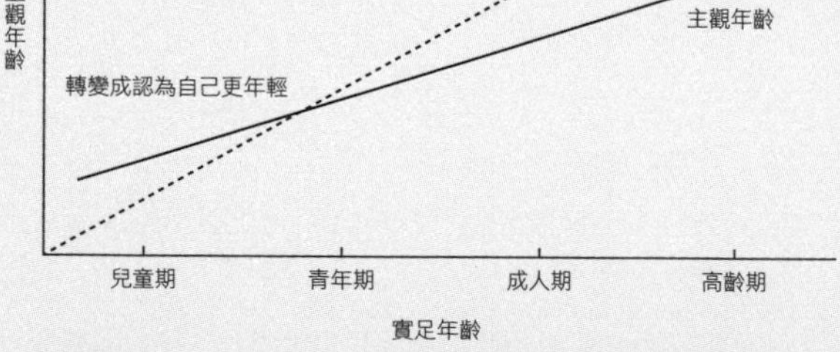

隨著年齡增長，主觀年齡與實足年齡的差距逐漸擴大

出處：佐藤等人參考1997年資料彙整的模式圖

高齡人士按照自己的主觀年齡認真運動、穿著華麗，想表達的訊息就是「我還年輕」。相處時請配合對方的主觀年齡。

抗老化

抑制年齡增長造成的老化，保持年輕長壽。也可以說「逆齡」。

「我希望永保青春」、「我想要健康長壽」這些願望人人都有。近年來許多人開始對「老」有負面印象，比起符合年紀的言行，他們更希望自己看起來比實際年齡年輕。

高齡人士把白髮染黑，穿年輕人的服裝，就是在表達這點。很多人使用抗老化的化妝品或健康食品，在醫療領域也有荷爾蒙補充療法、去斑除皺手術等。但是上年紀並非只有壞處，也有靠累積人生經驗才能得到的智慧與洞察力這些好處。

別人都說我
比實際年齡
年輕十歲

理解高齡人士想要抗老化、延緩老化的心情，學習變老才會有的內在深度。

生產性老化（Productive Aging）

高齡人士採取行動，催生出對社會有貢獻的產品和服務。

這裡的「生產」不單是指有償勞務，也包含志工活動、做家事、照護、帶小孩等的無償勞務，代表對社會有貢獻的產品或服務。這個概念是要讓高齡人士在社會上發揮自身的經驗、知識和能力等。

生產性活動對高齡人士的身心健康也有正面影響，因為他們透過活動成為提供者的立場，認為自己有價值，也因此提高了自尊（→P80）。建立新的人際關係，擔任新的任務，能夠成為高齡人士的生存意義，也會帶來幸福感。

來！修好了
高手！

很多高齡人士在退休後仍然健康，只要讓他們發揮能力，就能夠打造更理想的社區與家庭。

成功老化
(Successful Aging)

最理想的老年期是擁有健康身心，能夠自立且提供社會貢獻。

這是來自美國的觀念，日本稱為「幸福老去」，認為高齡期的幸福就是健康不生病、維持身體機能與認知能力，並且過著自立生活，參與社會。

這個主張認為能夠自立是好事，人要是無法自立（需要有人照顧），就會喪失活下去的意願；但過度重視自立的價值，也造成許多負面效果。也有人認為上了年紀、身心衰退時，何不請人照顧？人類最自豪的就是會好好照顧弱者不拋棄。

「成功老化」在其他人眼裡是「能夠自立的狀態」，重點是其他人怎麼看，但高齡人士自身能否感到幸福才是最重要的，比起「成功老化」，「快樂老化」（→P161）的概念或許更合適推廣。快樂老化重視的是自我評價，而不是他人的評價。每天把注意力擺在能夠使自己產生積極正面心情的事物上。

高齡人士即使無法自立，必須接受照護，只要能夠保持「自律」就能幸福。所謂自律是指「依照自己的意思，決定自己的人生」，也就是能夠「自主決定」。舉例來說，不是讓其他人來告訴你「吃飯時間到了，來吃飯吧」，而是別人問你：「飯菜煮好了，要吃嗎？」至於要不要吃，則是由自己決定，這就是「自主決定」。

只要能做到自主決定，即使接受照護，也能夠實現「幸福老去」。多數人在人生最後幾年過著照護生活，只要這些高齡人士感到幸福，就不會失去活下去的意願。

只要接受照護的高齡人士看起來幸福，身邊其他人就會認為「變老也不壞」。讓高齡人士實現「自律」才有幸福生活。

超越老化理論
(Theory of Gerotranscendence)

有些人進入高齡期後想法改變，轉為重視自己的內在，想要超越過去的自己。

一般來說，有不少人認為社會地位高又有資產、健康且交遊廣闊，才是幸福。但是隨著年紀愈來愈大，人們會逐漸遠離這種價值觀，從其他事物上感受價值與幸福，這稱為「超越老化」。

超越老化的變化會展現在①社交、②自我、③宇宙這三方面。

①社交是指，與社會或他人之間的表面關係轉為淡薄，不再執著於財產和地位；建立獨特的價值觀和見解，想要與欣賞對象深交，不只是根據善惡做出判斷等。

②自我是指，自我中心的傾向轉弱，比起實現個人需求更重視其他人；不再重視外貌與身體機能的維持；開始肯定自己的人生，覺得過去的失敗也很有意義。

③宇宙是指，改變對時間和空間的想法，沒有過去、現在、未來的時間分別。帶著這種想法，就不再害怕死亡，只認為是通過中繼點，能夠緩和對死亡的恐懼。

只是「超越老化」被認為是為了彌補老化造成的認知功能下降，而啟動的不合邏輯思維，因此在美國也有很多研究學者不支持。因年紀大而減少社交的高齡人士，在超越老化理論的推波助瀾下，開始講求精神生活。

超越老化有時也幫助高齡人士擺脫死亡的恐懼，所以與高齡人士相處時，理解、不反對的觀念很重要。

社會情緒選擇理論*
(Socioemotional Selectivity Theory)

高齡人士覺得幸福是因為行動時重視情感上的滿足感。也就是激勵理論（Motivational Theory）。

高齡人士了解到人生的時間所剩無幾，因此開始積極採取行動，滿足心靈。

具體來説就是加深過去的人際關係，把重點擺在豐富人生，與過去的朋友密切交流，避免跟不熟的人來往，慎選社交對象，也不太執著最新資訊或奢侈品。

高齡人士的這種想法，正好與認為人生有無限時間的年輕人相反，年輕人的重點在建立新人脈，收集資訊，拓展個人視野。

人的生理與認知功能會隨著年齡增長逐漸衰退，人際關係也會因親近的人死亡等而改變，高齡期是比其他年紀更常感受到壓力的時期，但令人意外的是，高齡人士的情緒卻多半比年輕人穩定。

原因是高齡人士往往會去注意正面的資訊，如：自己欣賞的、永恆不變的事物等。他們以滿足情感為優先，所以壓力大仍能保持幸福感。這也稱為「老化悖論」（→P54）。

高齡人士採取行動的價值觀即使與年輕人不同，也是為了適應人生，我們應該尊重他們的行為和思考方式。

* 譯注：由挪威心理學家卡斯藤森（Laura L. Carstensen）所提出。

初級控制與次級控制理論*

這是適應的方法。初級控制指改變外在環境，次級控制指改變自己的內在。

自己的願望和需求不適合外在環境時，可想到的解決方法有二：一是改變外在環境配合自己的願望與需求，稱為「初級控制」，二是配合外在環境改變自己的內在，稱為「次級控制」。

舉例來說，腳骨折時，接受復健直到能夠走路，這是「初級控制」。改變自己的心情「外出時坐輪椅就好，比走路輕鬆」，就是「次級控制」。

年輕人多半是初級控制，想要改變外在環境，但隨著年紀愈大，想要採取次級控制適應環境的情況逐漸變多。高齡人士自覺沒有改變外在環境的力量，所以就會逐漸變成改變自己的內在。

利用這種方式適應環境，看起來像是垂死掙扎，但被迫置身在自己無力改變的情況時，與其因為「無能為力」而沮喪、感到壓力，不如切換心情比較幸福。「次級控制」被認為是高齡人士積極活下去不可或缺的方法。

高齡人士因無法進行初級控制而感到沮喪時，可以引導他們切換心情，改採次級控制。

＊譯注：德國心理學家海克豪森（Jutta Heckhausen）的初級控制（Primary Control）與次級控制（Secondary Control）理論。

CASE：2

為什麼只記得對自己有利的狀況？

——只保留美好回憶的濾鏡記憶

不少高齡人士言談間只會提到自己的當年勇，這也與記憶的組成和老化有關。我們一起來看看年老對於記憶的組成和行為，有什麼樣的影響。

高齡人士不自覺就會只記住對自己有利的內容。你是否也有這種印象，只要問起高齡人士的近況，他們的回答往往只有正面的事情，比方說：「兒子一家星期天來看過我，我很高興」、「我上週和合唱團的夥伴聚餐」等。實際發生的狀況不可能只有好事，「兒子一家來看我時，我糾正孫子的行為，使得氣氛變尷尬」、「聚餐那天我搭錯電車遲到了」，也許有這些情形，但高齡人士不會提這些負面內容。他們**不是故意不講，而是不記得**。

這種傾向在各個年齡層都會看到，但年輕世代不會逃避面對負面狀況，高齡人士較容易只注意積極正面的事情。若要問原因，是因為年輕世代為了在往後的人生中存活下來，他們會收集危險、恐懼等負面資訊，培養對抗的力量。反觀高齡人士已經在人生中經歷過負面的事物，所以在這階段只想用正面的事物填滿所剩無幾的記憶容量。上了年紀、身心衰老、親人死亡，帶來壓力的事情愈來愈多，為了在剩餘的人生中活得幸福，他們選擇重視積極正面的資訊。

高齡人士只記得自己喜歡的事

聽著高齡人士聊以前的事就會發現，比起痛苦難受的過往，他們更常提到美好的回憶。為什麼？因為高齡人士回憶從前時，是憑著自己的「**記憶**」說話。記憶有各式各樣的種類，各位可參考下頁的「記憶分類」與說明。人類的記憶根據記住的時間長短，分為**感官記憶**、**短期記憶**、**長期記憶**這三類。

感官記憶是只在一瞬間存在於視覺、聽覺、觸覺等感覺器官的記憶，「像拍照

記憶的分類

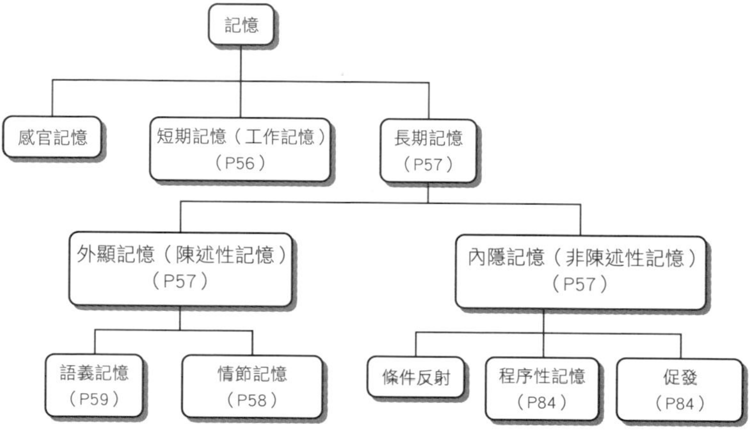

般記下此刻看到的事物」。感官記憶中，只有印象深刻的內容會變成短期記憶儲存在腦部的海馬迴中，以時間來算是保存幾秒到幾十秒左右。短期記憶中，經常想起或與其他記憶有關的內容，就會固定保留在腦中，成為長期記憶，能夠記住幾分鐘到一輩子。

此外，長期記憶可根據內容分類成**外顯記憶**和**內隱記憶**。外顯記憶就像人名和過去的經驗這類，能夠用言語表達的記憶，包括**語義記憶**和**情節記憶**。內隱記憶就像騎腳踏車、游泳等，身體記得但無法用言語表達的記憶，包括**條件反射**、**程序性記憶**、**促發**。

外顯記憶和內隱記憶之中，容易受到年紀影響的是情節記憶。情節記憶是包括時間和地點等資訊的個人經驗。「我忘記車鑰匙放在哪裡」、「我想不起昨天晚餐吃什麼」等健忘情況發生的原因，都是因為情節記憶衰退的緣故。

高齡人士就算會忘記最近發生的事，也不會忘記年輕時的事情，尤其經常與家人、朋友說起十五歲到三十五歲這段日子的記憶。那段時期發生的多半是升學、就業、結婚、懷孕等伴隨強烈情感的事情，在情節記憶中，也屬於影響人生的重要記憶。

過往記憶的情節經常在腦中被更新，**痛苦的經歷也被重組成美好的回憶**，所以話說當年時全都只有好事。

為什麼記得臉卻想不起名字？

隨著年齡增長，遲遲想不起人名或物品名稱的情況愈來愈多，「那部電視劇裡出現的男演員叫什麼名字去了，就是身高很高那位……」這樣的情況頻頻發生，記憶事物的能力也同樣在逐漸衰退。

記住、想起事物的過程是經過「**銘記→維持→回憶**」三階段。眼睛、耳朵等感覺器官接受到資訊後賦予意義是「**銘記**」；在腦中把短期記憶變成長期記憶儲存是「**維持**」；從儲存的記憶中找出需要的資訊是「**回憶**」。這三階段過程中，容易隨著年齡增長而退化的是「銘記」和「回憶」。人一老，視覺等感官機能會變得遲鈍，因此可經由感覺器官得到的資訊量也就跟著減少，再加上腦功能衰退，銘記資訊的能力下降，所以能夠記住的資訊量也變少。

長相記得卻無法立刻想起名字，是回憶能力衰退，有時我們又會突然想起「啊！那位是佐藤！」這是因為記憶本身並沒有消失，保存在大腦裡。「維持」是持續記得暫時記住事物的能力，除了罹患失智症等疾病之外，上了年紀也不會衰退。

高齡人士的記憶力雖然下降，但很少因此感到生活不便，畢竟他們沒有忘記重要的約會。這是因為**高齡人士對於記憶力衰退有自覺，會寫在便條紙或行事曆上提**

醒自己注意，避免忘記。假如你同時告訴高齡人士與年輕人：「下次開會請把今天發的資料和剪刀帶來。」年輕人多半會忘記帶與開會看似無關的剪刀，高齡人士則會把重要事項寫在便條紙上幫助記住，不會仰賴自己的記憶力，因此反而不容易忘記帶東西。

理解「記憶」的關鍵字

老化悖論 (The Paradox of Ageing)

經歷過太多的失去之後，到了老年期反而情緒穩定、覺得幸福的矛盾現象。

有愈來愈多人隨著年紀增長，身體逐漸無法隨心所欲活動，健康出狀況，也變得容易生病，同時又失去配偶、兄弟姐妹、摯友，退休後也失去了社會價值。高齡期可以說是失去各種事物的時期，但調查發現，高齡人士感受到的幸福與心靈平靜，與年輕人相差無幾。儘管他們失去很多，仍保有幸福感，這種情況看似矛盾，卻可以用社會情緒選擇理論（→P46）解釋。

人需要資訊才能夠避開危險安心生活。研究報告顯示，年輕人和中年人傾向於注意負面資訊，但高齡人士反而重視正面資訊。

一項實驗以年輕人、中年人、高齡者為對象，讓他們看看會產生正面情緒的照片、負面情緒的照片，以及中立的照片。

結果發現，年輕人和中年人對於正面照片與負面照片的記憶成績，比中立照片更高，但高齡者對正面照片的記憶成績，比另外兩種照片更好（參見下圖）。

高齡人士就像這樣，喜歡吸收正面的資訊，這種情況稱為「正向效應」（positivity effect）。

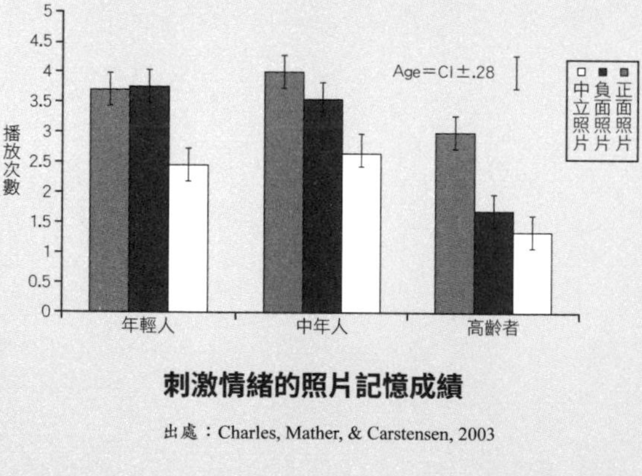

刺激情緒的照片記憶成績

出處：Charles, Mather, & Carstensen, 2003

比起負面資訊，高齡人士更樂意接受正面資訊的行為，有心理學上的理由。理解這個理由，會更容易接納高齡人士的思考方式。

記憶的過程

由進入感覺器官的資訊中，挑選出重要的內容保存在大腦裡，需要時再回想起來。

人無法記住所見、所聞、所感的一切資訊，必要資訊會由腦的前額葉皮質篩選後送進大腦裡，這個步驟稱為「銘記」。

銘記的資訊會被送進海馬迴，成為短期記憶暫時保存。短期記憶在短時間之內就會喪失大部分，但當中一部分會變成長期記憶「維持」在腦內；維持的資訊並非就這樣存放不動，經年累月下來會有部分內容被刪除或替換。「回憶」則是從儲存在大腦裡的資訊找出需要的東西。「回憶」時也是前額葉皮質在發揮功用。

隨著年紀變大，前額葉皮質與海馬迴逐漸萎縮，開始難以記住複雜難記的資訊，因此高齡人士容易出現銘記困難和回憶困難的情形，再加上回憶功能也衰退，所以會發生記得臉卻想不起名字的狀況。科學家認為「維持」反而較少受到年老的影響，已經保存的記憶幾乎不會消失。

記憶的過程是「銘記、維持、回憶」，對照電腦的資訊處理系統，就是「符號化、儲存、搜尋」。

記憶的三個過程

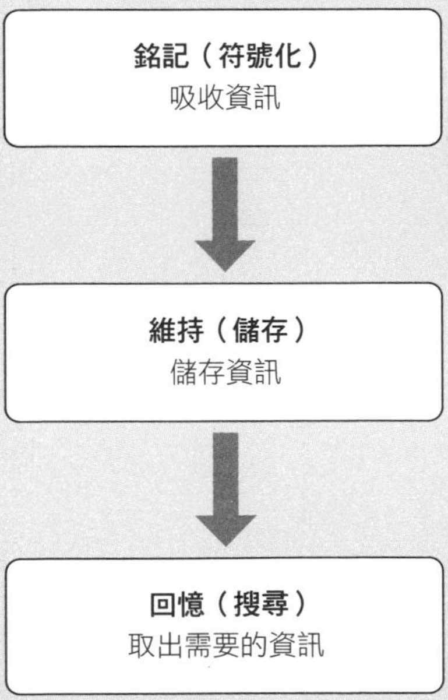

為了讓高齡人士容易記憶，不宜同時提供多項資訊，最好是一次給一個簡單易懂的提示即可。請他們寫筆記，方便事後回憶，也是有效的辦法。

短期記憶／工作記憶 (Working Memory)

短期記憶是指暫時留存的記憶。
工作記憶是指存取短期記憶的記憶。

短期記憶是指只會記得幾秒鐘、事後就會忘記的記憶，就像打預約電話或輸入一次性密碼時一樣。腦能夠保持記憶的時間和資訊量有限，一眼能夠記住的量，據說是一排五～九個文字或數字。

還有一個特徵是，即使字數超過這個量，只要文字有意義，就能夠記住。重複多寫幾次、避免忘記短期記憶的資訊，稱為「記憶複誦」（rehearsal）。阿茲海默症患者的短期記憶會受損，但健康的高齡人士不太會出現短期記憶變差的傾向。

工作記憶是在擴充短期記憶進行複雜作業時發揮作用的記憶，簡稱WM，由維持聽覺資訊的「語音迴路」（phonological loop，或稱聲韻迴路）、維持視覺資訊的「視覺空間模板」（visual-spatial sketchpad）、與長期記憶合作的「事件緩衝區」（episodic buffer），以及管理上述各項的「中央執行系統」（central excutive system）所構成（參見下圖）。

舉例來說，閱讀時，文章內容會儲存在記憶的語音迴路和視覺空間模板裡，因此我們能夠一直往下讀，不會弄錯位置。至於「事件緩衝區」的作用則是從長期記憶中抽出理解文章所需的資訊。

除此之外，數字的心算、一邊思考順序一邊做菜等，也與工作記憶有關。成為高齡人士之後，工作記憶的功能會顯著衰退。

工作記憶的構造

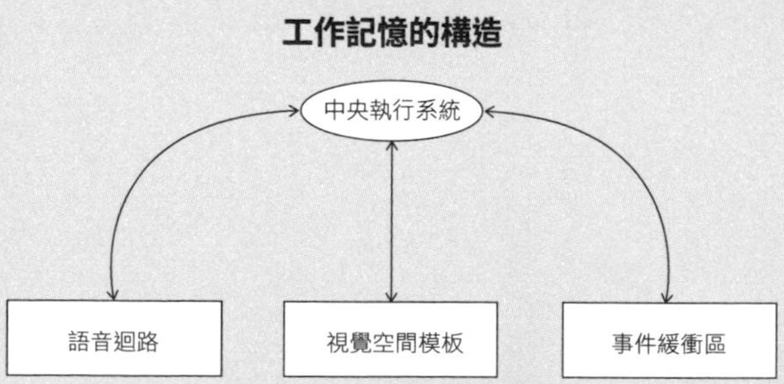

出處：Baddely A.D. 2003 Working memory: Looking back and looking forward. *Nature Reviews Neuroscience*, 4(10), 829-839.

工作記憶會伴隨年齡增長而下降，因此高齡人士很難同時處理很多事。請讓高齡人士一個時間專心處理一項工作就好。

長期記憶

可長期保存維持的記憶。大量資訊會先分類再儲存。

定義為短期記憶記住的資訊中，最令人印象深刻、會引起情緒起伏的事件或多次重複想起的資訊，都會成為長期記憶保留在腦中。長期記憶的內容在大腦裡經過分類後，以幾十年為單位大量保存；即使時間再久也能夠想起的，就是當成長期記憶儲存的記憶。用功準備考試，在紙上寫很多遍英文單字或國字，或是用順口溜的方式背誦歷史年號等，都是從短期記憶轉為長期記憶的過程。

隨著年紀愈來愈大，短期記憶轉成長期記憶的能力也會逐漸衰退，為了避免衰退發生，最有效的方法就是適度運動，以及從事需要動腦的知識類活動。

高齡人士不記得對自己不利的事情不是因為忘記，而是不願想起。

外顯記憶（Explicit memory）／內隱記憶（Implicit memory）

外顯記憶（又稱陳述性記憶〔declarative memory〕）是可以用言語表達的記憶。內隱記憶（又稱非陳述性記憶〔non-declarative memory〕）是無法以言語表達的記憶。

記憶有各式各樣的類型，從記憶的時間長短來看，可分為短期記憶和長期記憶；從記憶的內容來看，可分為外顯記憶和內隱記憶。

外顯記憶是指可用言語表現的記憶，像「情節記憶」（→P58）、「語義記憶」（→P59），能用自己的意思回想起來，並用言語文字傳達的記憶。內隱記憶則是像滑雪的方法等，用身體記住、無法用言語文字表達的記憶，包括「程序性記憶」（→P84）、「促發」（→P84），及看到酸梅就流口水的「條件反射」。

阿茲海默症的高齡人士，較容易保住內隱記憶的程序性記憶，因此可讓他們做仰賴程序性記憶的家事等。

情節記憶（Episodic Memory）

有時間與地點資訊的昔日事件記憶。容易受到年老的影響。

情節記憶是指個人經歷過的事件相關記憶，亦即所謂的「回憶」（也稱為自傳式記憶），分類在外顯記憶中。這種記憶容易受到年紀的影響。舉例來說，「我想不起來昨天晚餐吃了什麼」、「我忘了手機放在哪裡」這類健忘的情況，就是情節記憶衰退所造成。年紀大導致的情節記憶衰退，在相對較近期的事情上更顯著。報告*指出，容易受到年紀大影響的記憶，是近一年所發生的事件記憶。

人類從視覺和聽覺等感覺器官接收四周的資訊，接著前額葉皮質（下圖）只選出必要的資訊吸收（這過程稱為「銘記」。再來腦海馬迴會發揮作用「維持」記憶，需要想起時就從維持的資訊「回憶」，找出必要的資訊。↓詳見P55「記憶的三個過程」）。隨著年齡增長，海馬迴和前額葉皮質萎縮，就會影響到這三個過程。高齡人士很容易發生情節記憶衰退，想不起「我昨天晚餐吃了什麼」，但失智症造成的記憶障礙則是無法想起「我昨天有吃晚餐嗎？」。

從這些情況可知，老化造成的情節記憶衰退，與失智症的記憶障礙是不一樣的情況。

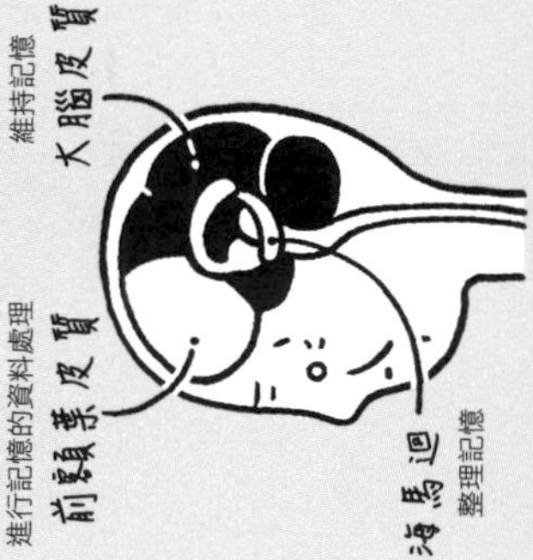

與記憶有關的大腦部位

高齡人士的「銘記」功能降低，因此一次告訴他們大量的資訊，他們無法全部記住。一個接著一個依序告知，高齡人士會更容易記得。

* 出處：Piolino, P., Desgranges, B., Clarys, D., Guillery-Girard, B., Taconnat, L., &Isingrini, M. et al(2006) Autobiographical memory, autonoetic consciousness, and self-perspective in aging. *Psychology and Aging*, 21, 510-525.

語義記憶（Semantic Memory）

一般知識累積儲存在大腦裡成為記憶。不易受到年紀的影響。

語義記憶是把身邊或世界上發生的事情當成一般知識儲存的記憶，包括小學學過的九九乘法表「九九八十一」這種沒有脈絡的資訊，還有背誦歷史人物的名字、日本首都是「東京」等，也屬於語義記憶。在學校學習所累積的一般知識，將會成為我們自己的固有知識。

語義記憶很顯然不容易因為年紀大、記憶力下滑而衰退（參見下圖）。舉例來說，高齡人士或許會忘記「昨天晚餐吃咖哩」這個情節記憶，但通常不太會忘記「咖哩是什麼樣的料理」這個語義記憶。

那麼，為什麼語義記憶不會隨著老化而衰退呢？因為語義記憶是自身經驗累積的知識。高齡人士的人生歷練豐富，所以知識累積也多，科學家認為這些知識會經年累月定型成為明確的記憶。此外，語義記憶是大範圍累積在腦表面的大腦皮質，大腦皮質不易受到年紀的影響，因此語義記憶也不容易衰退。

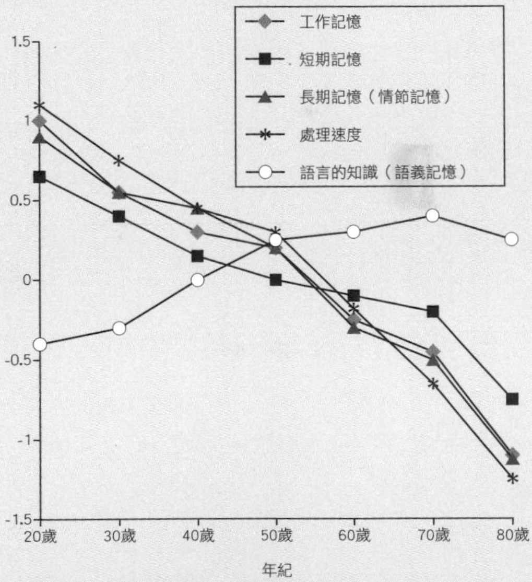

不同年齡的認知功能變化

出處：Park et al. 2002

語義記憶非但不會隨著年齡增長而衰退，反而還會增強。尊重高齡人士從人生經驗得到的知識，為他們創造可傳承給年輕人的機會吧。

前瞻性記憶（Prospective Memory）

與預定計畫、待辦事項有關的記憶，希望日常生活一切順利時不可或缺。

提到記憶，一般人往往以為是指過去的事，但前瞻性記憶是未來的記憶。日常生活是由早起吃早餐、換好衣服、外出、關門等例行事務與習慣所構成，為了實踐預定計畫，必須從幾點與人見面、搭乘幾點的電車等逆推時間後行動；一旦忘記預定與計畫內容，生活和人際關係就會出問題。此外，忘記服藥或忘記關掉瓦斯爐也會危害生命健康。

有報告指出，儘管高齡人士的記憶力衰退，但忘記待辦事項的反而是年輕人比較多。以高齡人士和年輕人為對象進行實驗，請他們一天打三次電話到指定的電話號碼，實驗條件分成兩種，一種是在上午八點、下午一點、下午六點的固定時間打電話（以時間為標準的條件：ＴＢ〔time based〕），另一種是規定在早午晚三餐之後打電話（以事件為標準的條件：ＥＢ〔event based〕）。調查結果顯示，高齡人士不管是兩種的哪一種，達成率都超過九成，反觀年輕人卻只有七成左右。

這是因為多數的高齡人士對於記憶力衰退有自覺，因此會利用行事曆或便條紙等，彌補記憶力的不足。

善用手機的提醒功能，可防止忘記日常生活的重要活動。

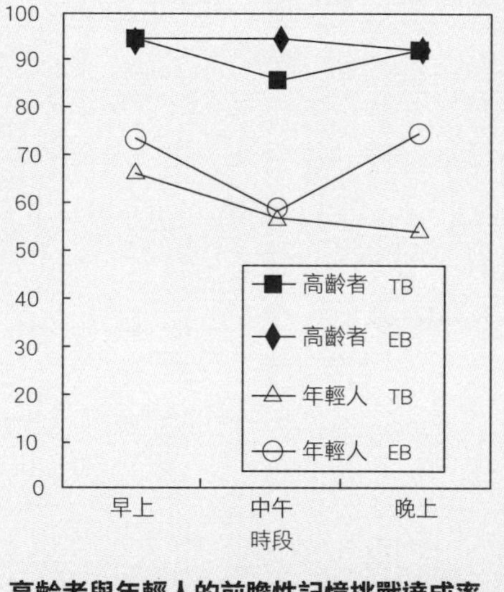

高齡者與年輕人的前瞻性記憶挑戰達成率

出處：增本等人，2007

後設認知 (Metacognition)

客觀看待自己的想法與行動，就像有另外一個自己在看著自己。

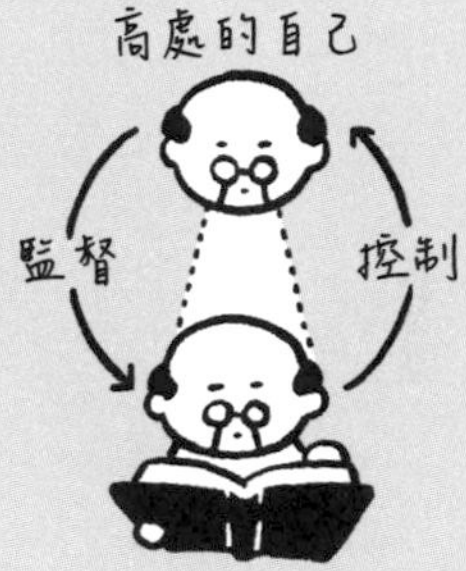

人對自己會有「性格文靜」、「擅長運動」等各種認識，像這種對自己的認識，稱為「後設認知」（或稱元認知）。後設認知具有「監督功能」和「控制功能」兩項作用；客觀審視自己的行動與思維並給予自己評價，屬於監督功能；根據結果修正行動或設定新目標，屬於控制功能。

後設認知是人類才有的能力，正因為擁有這項能力，人類才能夠深入思考事物，反省改進自己的行為。

高齡人士使用後設認知。因為對記憶力的衰退有自覺，所以以寫筆記等方式彌補。使用後設認知的能力也可以使人生更豐富。

錯誤記憶 (False Memory)

相信不曾發生的事情是事實，或是記憶與事實有出入。

人的記憶並非總是正確。比方說目擊犯罪現場，試圖回想犯人長相時，假如有人問你：「犯人的眼睛是不是很大？」你就會覺得好像是。人要製造出錯誤記憶就是這麼容易。

年齡愈大愈容易誤把錯誤記憶當成事實；因為記憶力衰退，導致「判斷某行為是自己實際做過或只是想像的能力」、「回想某資訊是從哪裡取得的能力」降低。失智症的症狀之一「被偷妄想」，可以說就是這個錯誤記憶造成。

記錯是常有的事，罹患失智症的高齡人士更是如此。別急著在理智上否定高齡人士或想要糾正對方，暫且先接受對方的說法吧。

心境一致效果 (Mood Congruent Effects)

容易傾向支持與自己當下心情相符合的事物。

快樂時「就會想起快樂的事」，悲傷時「就會想起悲傷的事」，伴隨強烈情感的事物往往也容易連同情緒一起記住，就稱為「心境一致效果」。心境一致效果不只在回憶時發揮作用，記憶時也會發揮作用。

陷入痛苦情緒時，很容易只記住消極負面的事物。比方說，親人過世、與交往對象分手等心情悲傷難過時，就很容易記住消極負面的事物，事後回想時也會感覺「當時發生的一連串事情全是難受的事」，但事實上並非如此。

相反地，看待事物始終樂觀的人，因為經常保持積極正面的情緒，認為「我的運氣總是很好」，所以很少留下討厭的記憶。

消極負面的記憶會比積極正面的記憶更鮮明地留在記憶中。痛苦的事會引起「創傷後壓力症候群」（posttraumatic stress disorder，簡稱PTSD）是因為人對於過往的痛苦體驗連細節都記得很詳細，回想起的時候仍然歷歷在目。

然而卻有研究顯示與這項事實相反的結果，發現消極負面記憶會比積極正面記憶更快轉淡。記憶力衰退的高齡人士因為無法記住細節，所以會比年輕人更快淡忘消極負面的記憶。

要讓高齡人士去做他們不太想做的事情時，只要播放高齡人士喜歡的音樂，就能夠替他們帶來積極正面的心情。

II
CASE : 3

長壽性格與早死性格

——上了年紀，性格會有什麼樣的改變？

老了性格就會改變嗎？
假設會改變，是變成什麼樣子呢？
有些東西會因為年老而改變，有些則不會，
我們一起來看看哪些性格會影響壽命與健康吧。

我們平常會使用「人格」與「性格」等詞彙形容人的行為和想法，但是人的人格與性格天差地遠，要定義又很難釐清。影響人格和性格的是遺傳，還是當事人生長的環境和習慣，又或是文化背景與時代造成，或許很難分辨。

心理學家和精神科醫生從很久以前就在研究性格的分類方法，得知性格存在某種分類傾向，可分為幾種類型。現代心理學上用來劃分性格的主流方法，是美國奧勒岡大學心理學家戈德堡（Lewis R. Goldberg）提倡的「**五因素人格模型**」（Big Five Personality Traits，請見左圖）。他認為性格是由五個重要因素構成，分別是1**情緒不穩定性**（neuroticism）、2**外向性**（extraversion）、3**經驗開放性**（openness）、4**親和性**（agreeableness）、5**嚴謹自律性**（conscientious-ness）。一個人的人格傾向會受到這些因素或強或弱的影響。

以生活周遭的人為例，提到人際關係圓滑的人時，你所想到的那個人或許具有「外向性」的特徵。再來講到情緒敏感又神經質的人時，你想到的那個人是否具有「情緒不穩定性」的特徵？

這些都只是一個人擁有的人格的其中一面，每個人在人格上都具備這五大因素，換句話說，這五大因素中的哪個因素影響較深，將會決定一個人的性格。

五因素個別的特性

1 情緒不穩定性
情緒化、敏感、神經質、抗壓性低。相反的傾向是情緒穩定性。

（特徵）		（相反的傾向）
容易想不開、耿耿於懷	⇔	淡定
容易亢奮	⇔	冷靜沉穩
自我憐憫	⇔	自我實現
自我意識過剩	⇔	不拘小節
感性	⇔	理性
容易受傷	⇔	臉皮很厚

2 外向性
關注力傾向於向外。相反的傾向是內向性。

（特徵）		（相反的傾向）
充滿愛	⇔	內向
人脈很廣	⇔	孤獨
愛聊天	⇔	沉默寡言
積極	⇔	消極
喜歡開玩笑	⇔	認真嚴肅
熱情	⇔	冷淡

3 經驗開放性
傾向於對內在及外在世界充滿好奇。相反的傾向是經驗封閉性。

（特徵）		（相反的傾向）
想像力豐富	⇔	正視現實
有創造力	⇔	無創造力
獨創性	⇔	循規蹈矩
喜歡變化	⇔	墨守成規
好奇心強	⇔	缺乏好奇心
進步	⇔	保守

4 親和性
傾向於容易與他人達成共識。相反的傾向是敵對性。

（特徵）		（相反的傾向）
溫和	⇔	殘忍
相信他人	⇔	疑心病重
大方	⇔	小氣
從眾	⇔	自私
寬容	⇔	批判
敦厚	⇔	缺乏耐心

5 嚴謹自律性
傾向於計畫、執行時的自我管理能力很高。相反的傾向是隨心所欲性。

（特徵）		（相反的傾向）
謹慎	⇔	粗心大意
熱衷工作	⇔	怠惰
遵守秩序	⇔	散漫
遵守時間	⇔	不遵守時間
有野心	⇔	缺乏目標
耐力強	⇔	半途而廢

出處：根據佐藤真一《控制欲強的人》（*Mynavi Shinsho*）製表。

性格與健康、長壽密切相關

我們也可以說，性格影響到一個人的健康與長壽，舉例來說，「情緒不穩定性」高的人容易覺得與人相處有壓力，對於事物會過度反應。有看法認為這種情況會影響身心健康，導致生病，提高死亡率。*1

此外，目前已知**「嚴謹自律性」對健康有正面的影響**。因為高齡人士有罹患各種疾病的風險，比方說，第二型糖尿病的成因多半是吃太多重口味的食物、缺乏運動等長年的不良生活習慣所導致。高血糖易發展成動脈硬化，也有可能引發腦中風、心肌梗塞等可怕的致命疾病。

但是「嚴謹自律性」高的人飲食均衡，定期運動，過著健康生活，較不會做出致病行為*2，因此報告顯示他們的死亡率偏低*3。

就像這樣，個人的情緒、行動、意志等也深深影響到壽命的長短與性格，**尤其是「情緒不穩定性」高的人若想長壽，就必須拋開不安與壓力，每天積極生活**。覺得有困難時，請家人協助減少不安，就能夠降低生病和死亡的風險。

變成高齡人士，性格也會跟著改變嗎？

關於高齡人士的性格，有時會聽到家人說：「你老了之後，個性也變圓滑了。」也有人反而認為：「你是不是變固執了？」上了年紀性格就會改變嗎？我們來看看這個例子。

A女和B女兩人是高中同學，時隔五十年在同學會上聚首。A女從以前就是文靜的性格，反觀B女則是外向活潑，是班上的人氣王，在A女眼中B女總是閃閃發亮。

這天B女帶著在健身房認識的二十多歲C男一起參加高中同學會，A女心

---

*1 出處：Eizenman, D. R., Nesselroade, J. R., Featherman, D. L., & Rowe, J. W. 1997 Intraindividual variability in perceived control in a older sample: The MacArthur successful aging studies. Psychology and Aging, 12, 489-502.

*2 出處：Bogg. T., & Roberts, B. W. 2004 Conscientiousness and health-related behaviors. Psychol Bull, 130(6), 887-919.

*3 出處：Wilson, R. S., Mendes de Leon, C. F., Bienias, J. L. et al. 2004 Personality and mortality in old age. J Gerontol B Psychol Sci Soc, 59(3), P110-116.

想：「B帶著年輕男人出席，她個性還是跟以前一樣活潑外向呢。相較之下我還是一樣內向文靜。」這時候她聽見C男說：「比我年長將近五十歲的人，果然都跟B姐一樣穩重。不曉得我將來能否也變成這樣？」聞言，A女很驚訝：「他真的認為B女看起來很穩重嗎？她明明比我活潑很多。」

看到這裡，各位覺得B女的性格跟五十年前相比，是改變了或是沒有改變呢？A女和C男的感想看似矛盾，但那或許只是因為從不同角度看到年齡增長產生的性格變化而已。

A女認為「B女跟五十年前一樣沒變」是因為B女的性格在同輩人之中相對來說沒有改變。比較身為同學的A女和B女，B女較活潑這點不管是過去還是現在都沒變。另一方面，C男認為「比自己多了快五十年的歲月，才會培養出穩重的性格」，這是因為與年輕一輩的人相比，他覺得B女很穩重。

由此可知，性格雖然會因為年齡增長而改變，但是改變的過程每個人都會經歷，所以**就算年紀變大，也看不出性格上與過往有很大的不同**。

理解「性格」的關鍵字

主觀健康狀態／客觀健康狀態

前者是自己感覺是否健康，後者則是透過盛行率等客觀指標評斷。

客觀健康狀態指標包括是否生病、住院經驗、藥物服用、抽菸等。

另一方面，主觀健康狀態則是以「自己覺得是否健康」這種主觀的感覺作為指標。這兩種健康狀態密切相關，客觀健康狀態一旦降低，主觀健康狀態也會跟著一起降低。但是，高齡人士的客觀健康狀態雖然會隨著年紀增長而下降，但主觀健康狀態卻看不出有受到年紀的影響。

主觀健康狀態與死亡率也有關係。有報告顯示，回答「身體不舒服、不適」的人，三～三年半後的死亡率，是回答「身體很好」的人的兩倍以上。*4

沒有醫學根據的主觀健康狀態，也會影響人類的壽命。「病由心生」，請告訴高齡人士，心情也會影響健康。

*4 出處：Menec, V. H., Chipperfield, J. G., & Petty, R. P. 1999 Self-perceptions of health: A prospective analysis of mortality, control, and health. The Journals of Gerontology, Series B, 54(2), P85-93.

人格

意思是行動方式、思考方式、感覺方式等整合成的個人風格。

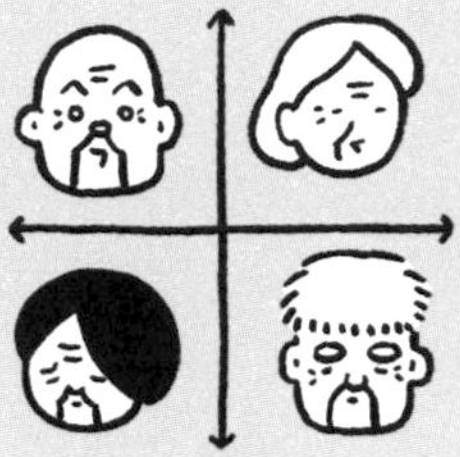

人格通常用「開朗」、「文靜」、「活潑」等詞彙表現。人格包括「我如何與四周環境建立關係」的主動面，以及「身邊的人如何看待我」的被動面。對事物有什麼感覺、如何思考、怎麼行動，都會反映出一個人的人格。

人格是受到遺傳和環境兩方面的影響形成，有些部分能夠保留個人風格，有些部分會因為經歷而改變，因人而異，有的人穩定，有的人改變很大。

高齡人士想要避免累積不安與壓力，改變人格過著健康生活，也是一種方法。

社會心理發展階段

這個理論預設人生分為八階段，必須克服各階段的心魔才能夠變堅強。

美國精神分析學家艾瑞克森（Erik Homburger Erikson）提出的「社會心理發展理論」認為，人生循環從誕生到老年期可分成八個階段，每個發展階段都有必須跨越的挑戰。這八階段分別是：1嬰兒期（0～1歲）、2幼年期（2～3歲）、3學齡前兒童期（4～6歲）、4學齡兒童期（6～11歲）、5青少年期（青春期，12～18歲）、6成人早期（19～30歲）、7成人中期（31～50歲）、8老年期（50歲～生命終點）。參見左圖。

這當中與高齡人士有關的發展階段，是最後的第八階段「老年期」，在這個階段的挑戰是「完美無缺vs悲觀沮喪」——反省自己的人生，重新定義負面體驗也含有某些意義，藉此肯定自己的人生；更進一步的挑戰則是接受即將到來的死亡。在這個老年期階段，一方面在整合生與死，另一方面也在體驗必須接納死亡的絕望，最重

老年期Ⅷ								完美無缺 vs 悲觀沮喪
成人中期Ⅶ							愛心關懷 vs 頹廢遲滯	
成人早期Ⅵ						親密 vs 孤獨		
青少年期Ⅴ					身分認同 vs 角色混亂			
學齡兒童期Ⅳ				勤奮 vs 自卑				
學齡前兒童期Ⅲ			主動 vs 內疚					
幼年期Ⅱ		自主獨立 vs 羞恥懷疑						
嬰兒期Ⅰ	基本信任 vs 基本不信任							
	1	2	3	4	5	6	7	8

社會心理發展理論各階段的挑戰

出處：Erikson & Erikson. 1997/2001

要的是，由此出發，積極思考現在的自己能做的事。

現在活到八、九十歲的高齡人士愈來愈多，艾瑞克森把這些人分類在第九階段。在這個階段，多數人難以獨立生活，又會經歷與關係親近的人死別，唯有信任身旁的人才能夠跨越挑戰。

對於人生充滿後悔的高齡人士，需要接受重新定義人生等的心理輔導。

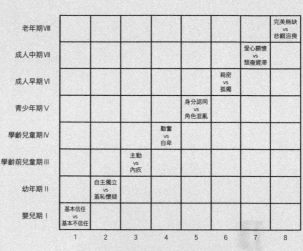

積極情緒／消極情緒

前者是活潑好動、朝氣蓬勃的情緒。後者是無精打采、負面否定的情緒。

積極情緒是指幸福、喜悅、滿足、好奇、愛情等，與幸福感受有關的感覺。相對來說，消極情緒則是指憤怒、悲傷、恐懼、不安、罪惡感等負面感受。

情感相關的研究在過去主要是針對消極情緒，原因在於消極情緒對身心健康與幸福感的影響，遠大於積極情緒。

另一方面，寬容、樂觀等積極情感的研究報告最近也在陸續增加。那些研究顯示，積極情緒不僅會抑制亢奮與緊張，也會活化創造性思考，即使身處逆境也能夠採取積極正面的行動。*5

成為高齡人士之後，經常經歷與關係親近的人的死別，但他們也不會因此就比較容易產生消極情緒。以二十五~七十四歲的對象進行研究，結果發現積極情緒有隨著年齡增加的傾向，消極情緒則不會因為年齡增長而改變（參見下圖）。由此可知，高齡人士的情緒是積極多過於消極。這點用社會情緒選擇理論（→P46）就能夠解釋。

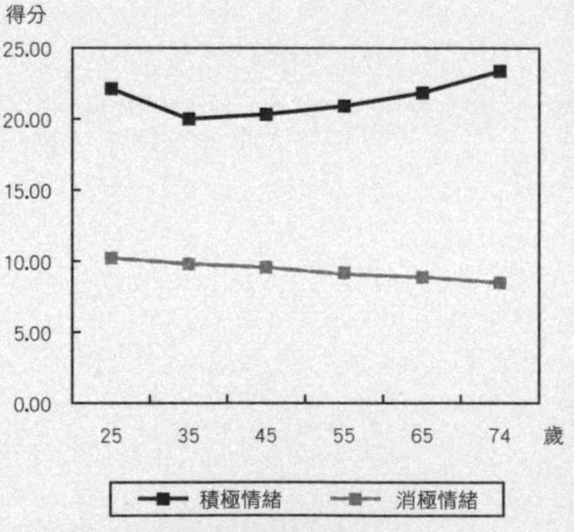

積極情緒與消極情緒的年齡比較

出處：改自 Mroczek & Kolarz, 1998 的圖

高齡人士一旦覺得自己無法成為其他人的助力，消極情緒就會增加。把簡單、不會太勉強的工作交給他們，讓他們覺得自己被需要吧。

*5 出處：山崎勝之 2006 積極情緒的用處 —— 其現象與作用機制 人格研究，14(3). 305-321。

PART

III

「高齡人士」做出詭異行為的祕密

CONTENTS

Ⅲ

CASE：4

堅持自己開車的原因？

——開車這件事能夠讓他再次確認自己的價值

即使旁人阻止，有些高齡人士還是會說：「我沒問題！」堅持自己開車。當事人對於身體衰老有什麼感覺？如何讓他們甘願退還駕照呢？

近年來高齡駕駛引發交通事故的問題時有所聞，為什麼會持續發生事故呢？因為高齡駕駛沒有注意到自己的開車能力衰退，仍然繼續開車。七十歲以上的高齡駕駛在更換駕照時，有義務要接受**高齡者講習**；七十五歲以上者必須接受**認知功能檢查***，這些都是為了判斷是否具有適當的駕駛能力，同時也讓高齡駕駛了解自己的身體機能衰退。

另一方面，高齡駕駛不清楚自己有多危險，只想著「我還能夠開車」、「我的開車技術很好，是從來沒有發生過意外的優良駕駛」、「我是開車天才」，無法客觀審視自己，**對自己的評價過高，認為自己很有能力**。

開車方式沒有忘記，但認知功能衰退

我們開車時，並不是一邊開車一邊在想著「轉彎時，方向盤要向左轉三十度」、「轉彎之前要輕踩煞車」等事情，這些開車動作都是靠**程序性記憶**來完成。所謂的程序性記憶，就是自己沒有意識到的潛在記憶（內隱記憶），一旦學會就不會忘記，也就是所謂的「用身體記住」。

我們在進行困難的作業或新挑戰時，腦子為了應付這些活動會變得活絡，在反

＊譯注：臺灣自中華民國一〇六年七月一日起，規定普通駕照的有效期限到年滿七十五歲止，不再永久有效。年滿七十五歲之駕駛人每三年須換發一次駕照，換照需要體檢合格，並通過認知功能檢測，或檢附未患中度以上失智症的證明。（資料來源：交通部公路總局）

覆同樣作業的過程中，腦子會累積最有效率的作業方式，這些累積持續十幾年，就會使一個人變成該領域的專家。例如：傳統藝能師父、熟練的職人等，就算步入高齡，也仍然能夠反覆進行高專業度的作業，這是過去的經驗影響到現在的行動所帶來的**熟練化**成果；即使邁入高齡依然能夠快速連結並利用專業知識，這方面的能力沒有衰退，也是因為有過去累積的經驗輔助。以開車來說，就是經驗十分老道的計程車駕駛等，懂得把熟練化的技能用在工作上。

高齡人士引起的交通事故，與其說是忘記車要怎麼開，更主要的原因其實是老化造成的**認知能力分配與瞬間判斷速度降低的緣故**。此外，最近的研究顯示，腦的白質病變會讓神經傳導速度降低，導致在十字路口遇到突發意外時來不及瞬間反應（當事人和家人也多半沒有自覺，或是認知能力正常的時候較多）。

開車必須同時處理各種資訊，但上了年紀，資訊處理的速度降低，在一定時間內能夠處理的資訊量減少，因此高齡駕駛沒有餘力去注意行人或其他車輛，往往就會引發交通事故。

日本警方針對「二〇一九年交通事故死亡肇事原因」進行統計，結果顯示，二〇一九年七十五歲以上高齡駕駛造成的死亡車禍有三百五十八件，其原因最多的是「駕駛失誤」（包括方向盤操作錯誤、煞車和油門踩錯）佔三十%，第二多的是「起步時未確認其他人車安全」與「心不在焉」（分心駕駛）各佔十九%，「未保持安全距離、間隔」（恍神看旁邊等）佔十%，「判斷錯誤」佔七%。由此結果可知，最主要的原因「駕駛失誤」是方向盤操作、煞車和油門踩錯所造成，因為年過七十五歲，認知能力的分配與瞬間判斷速度降低。

高齡人士堅持開車的原因

儘管如此，高齡人士仍然堅持開車，是與「**自我效能感**」（self-efficacy，能夠實現自己想法的感覺）有關。最近日常生活各種場合都在科技化，高齡人士在平凡的生活中逐漸失去能夠產生「自我效能感」的機會。很多高齡人士每天都會趁著外出順便享受購物樂趣，但是COVID-19疫情爆發之後，愈來愈多店家改用客人自行操作的自助結帳系統，也有愈來愈多不會用的高齡人士需要店員協助。

上了年紀體力衰退，出門一趟就已經夠累人了，要搭電車卻又因為不會用自動購票機和自動閘門等，必須詢問站務員，如果是開車，就能夠依照自己的方式駕駛前往任何地方，**開車是少數能夠讓他們感受到自我效能感的機會**。除此之外，汽車對有些人來說是避風港，也就是除了家裡和公司之外能夠安心待著的地方，這點也有影響（車商也是利用這點在賣車）。

根據日本警方的「屆期主動退還駕照相關的問卷調查結果」顯示，二〇一五年十月五日～十一月三十日，在一千四百九十四位更新駕照的七十五歲以上駕駛人當中，有六十七．三％「不願意主動繳回駕照」，由此可知大約七十％的高齡人士沒有考慮繳回駕照，換句話說高齡人士十分排斥放棄「自我效能感」。

在這個前提下，假如你認為「長輩開車果然危險」、「想勸父母不要開車」，最有效的機會就是利用當事人開車擦撞到住宅牆壁，對開車感到不安時，全家人一起商量勸說。但是這種時候**講話必須謹慎，家人不要責怪高齡人士，也不要強迫他承認自己的能力衰退**，重點是勸導當事人主動「放棄開車」、「不再開車」。

引導高齡人士不開車，改去從事其他可能感興趣的嗜好或參與地區活動、當志工等，讓高齡人士從中得到「自我效能感」。此外也要全家人一起討論替代的交通工具，想想如何繳回駕照，避免讓高齡人士不開車就像少了雙腿一樣。

理解「自我效能感」的關鍵字

自尊

感覺自己有價值，或是針對個人價值的自我評價。

自尊是認為「我是特別且有價值的人」的感覺，這種感覺在人生各種場合都會影響自己的言行舉止和事物的判斷力。

自尊高的人肯定自己，認為「我這樣很好」；相反地，自尊低的人就會缺乏自信，想法很負面。但是自尊過高也很困擾，會認為「我很棒，不輸給任何人」，不承認失敗，把過錯都推給別人，因此在其他人眼裡會認為這個人很傲慢。保持適度的自尊，事情才會順利，人際關係也更穩定。

遇到自尊過高的高齡人士，要避免傷害對方的自尊，同時在心裡想著「他就是那種人」，才不會被對方牽著鼻子走。

自我評價

主觀審視自己是什麼樣的人時的評價。

有些人的自我評價高，有些人則相反，但也不一定總是這樣，有時累積了一些人生經驗後就會改變。

自我評價是奠定在個人的主觀想法上，因此與其他人客觀的評價有不少出入，精神狀態不好時很容易受到影響；精神狀態好的時候，自我評價就會變高，相反地，人陷入憂鬱時就會偏低。自我評價高的人有自信，因此行動毫不遲疑，對工作和家事也很積極；自我評價低的人害怕失敗，往往會裹足不前。因此想要提昇自我評價，必須先找方法稱讚自己，比方說，「目前都很順利，做得好」等。

在家人眼中覺得危險的行為，在高齡人士的自我評價中會認為「我可以做到」。如果希望家裡的高齡人士別再做出危險舉動，勸告時請記得別貶低對方的自我評價。

自我效能感

採取行動時，可確實執行的自信與肯定。

自我效能感指的是進行某項挑戰時，會產生「我有能力做好這件事」、「我只要去做，就能夠產生好結果」等念頭。

自我效能感高的人，凡事都會積極挑戰，遇到困難也不會放棄，即使失敗也很快就重新振作。相反地，自我效能感低的人即使有能力，也會在起身行動之前就先冒出「我做不到，八成會失敗」的想法。

想要提昇自我效能感，最有效的方法是回想過去達成目標的經驗，或是讓別人來肯定自己的能力。

自我效能感高的高齡人士接受減鹽（低鹽飲食）指導等，也會認為「我做得到」並積極執行。自我效能感很適合用來達成目標。

自我否定

認為自己沒有能力也沒有價值，否定自己的人生。

「反正不會順利」、「我這種廢物做不到」容易像這樣否定自我的人，通常沒有自信，而且很自卑，一旦遇到不順，就會自責認為「是我的錯」。這種人也經常與他人比較，容易產生消極情緒，一看到優秀的人就會更加否定自我，所以也不容易感到幸福。

想要終結消極情緒，必須找出並重視自己的優點。也可以在睡前回顧一天的生活，稱讚自己。只要懂得肯定自己，就能夠產生自信。與積極正向的人來往也是一個好方法。

上了年紀，出錯的情況愈來愈多，儘管如此仍然要記得，別讓高齡人士產生消極情緒，要幫助他們肯定自我。

可視範圍

注視著視野範圍的中央時，兩側能夠注意到的範圍。

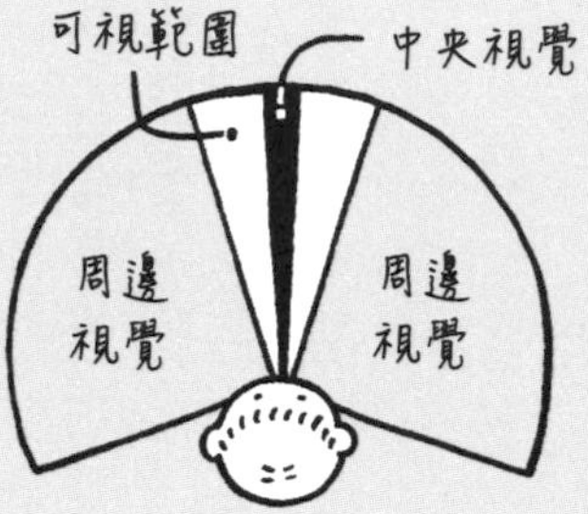

可視範圍（field of view）是指視線範圍中，你能夠注意到的範圍，並非單純指看得見東西的範圍。可視範圍會隨著年齡增長而改變；與年輕人相比，高齡人士同時使用中央視覺和周邊視覺（從視網膜中央看出去的視線稱為中央視覺，從中央視覺範圍以外看東西稱為周邊視覺）時，對於周邊視覺的反應明顯較慢。

人能夠用來處理資訊的腦資源，就算上了年紀也不會改變，但腦處理資訊的速度會變慢，所以在一定時間內能夠處理的資訊量減少，沒有多餘的心力分配注意力給周邊視覺，因此反應較慢。

年紀變大導致對於四周的注意力下降，因此高齡人士開車必須小心，最好考慮繳回駕照。

分散性注意力（一心多用）

同時把注意力用在多項事物上。沒有意識到自己的舉動。

人們會發揮選擇性注意力（→P83），專注在特定事物上，不僅如此，也會發揮分散性注意力作用，將意識同時朝著多個方向。舉例來說，在等人時，你會想起對方的特徵，看著人群的臉找尋對方，並且會小心不要撞到四周的人，你同時進行著找尋特定對象的動作，以及配合四周其他人的動向而行動這兩件事，而且你不會意識到自己把注意力分配給多個方向。

分散性注意力會隨著年紀增加而下降，但做慣的事情不易受到年紀的影響。

高齡人士在進行習慣或經驗十足的事情時，容易啟動分散性注意力。新事物只要經過訓練，也能夠啟動分散性注意力。

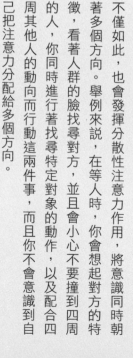

選擇性注意力

從大量資訊中，無意識地選出符合目的的資訊。

人會無意間使用眼睛和耳朵等，從自己周遭各式各樣的資訊中挑選出必要資訊。無視不必要的資訊，只接收必要的資訊，這種資訊篩選能力稱為「選擇性注意力」。

最容易實際感受到選擇性注意力的是視覺。以下圖為例，請試著從「T」和「Q」當中找出「O」。從「T」中找O很容易，但從「Q」中找O比較花時間。由此可知，與四周的內容是否容易區分，也會影響到反應的時間。

T	T	T	T	T		Q	Q	Q	Q	Q
T	T	T	T	T		Q	Q	Q	Q	Q
T	T	T	T	T		Q	Q	Q	Q	Q
T	T	T	T	T		Q	Q	Q	Q	Q
T	T	T	T	T		Q	Q	Q	Q	Q
T	T	T	T	T		Q	O	Q	Q	Q
T	T	T	O	T		Q	Q	Q	Q	Q
T	T	T	T	T		Q	Q	Q	Q	Q

挑戰視覺搜尋的例子

選擇性注意力也容易受到年紀大的影響。前面提到的實驗只要注意「形狀」就能夠找到，這次改從「顏色」和「形狀」這兩個角度尋找，挑戰在一整片「紅T」和「綠O」中找出唯一的「綠T」，結果顯示高齡人士找到的時間比年輕人久。

但是用視覺搜尋時，如果碰到經驗豐富且熟悉的內容，年紀大的影響就會變小。舉例來說，以中高齡的醫療技術人員為對象進行實驗，挑戰從X光片找出惡性腫瘤，結果發現他們並沒有輸給年輕人；因為他們有經年累月的經驗當線索，知道應該注意哪些位置。

選擇性注意力會隨著年齡增長而下降。經驗能夠在某種程度上彌補，但也要避免過度相信經驗。

＊出處：Rogers, W.A.2000 Attention and aging. In D. Park & N. Schwarz（Eds）. Cognitive aging: A Primer. New York: Psychology Press. pp.57-73.

程序性記憶（Procedural Memory）

與開車或彈鋼琴等不自覺也能進行的行動相關記憶。

程序性記憶是運動技能的基礎，與背單字、記住發生過的事不同，儘管學習過程很花時間，然而一旦記住就不會忘記。就像騎腳踏車、打電腦等也是屬於程序性記憶；難以用言語說明內容，但實際從事該項運動，身體就會不自覺動起來。

程序性記憶是上了年紀也能夠保持、幾乎不會衰退的記憶。舉例來說，高齡人士開車去大型超市購物，就算會忘記自己把車停在停車場的哪裡，也不會忘記開車的方法。

開車屬於程序性記憶，所以即使老了仍然會開車，但注意力和身體機能會衰退，讓高齡人士有此自覺很重要。

促發（Priming）

早前受到的刺激無意間影響到後來的行動。

這種現象是指，一旦接觸過某個資訊，第二次再接觸到同樣資訊時，能夠減少處理資訊花費的精力。

舉例來說，文章中出現好幾次「青花椰苗」這個詞彙，第一次看到時，高齡人士要花點時間才能夠消化並理解它的意思，但第二次出現時，促發現象會加速腦的處理速度，就算字的排列順序改變，寫成「青椰花苗」，也會不自覺受到之前的記憶影響，判讀成正確的意思。此外，「促發」不易受到年齡增長影響，因此熟練的老職人進行作業時花費的腦活動量，比素人進行相同作業時更少。

只要交給在專業領域經驗老道的高齡人士能夠活用經驗的工作，他們就會有高水準的表現。

熟練化（Expertise）

藉由長期的經驗與實踐，學得知識與技能，訓練出能力的過程。

走過漫長人生的高齡人士藉由各種經驗，累積了能夠解決問題、決策事物的豐富知識與技能，這種能力只要用對地方，就能夠節省部分年輕人進行資訊處理的過程。

因此，熟練的高齡人士被要求快速做出判斷與行動時，仍然能夠保持年輕時的水準，即使老化造成認知功能下降，也能夠靠過去的經驗與知識彌補。

調查熟練化的研究，以老鳥高齡人士打字員和菜鳥年輕打字員為對象進行實驗，挑戰用打字機打文章*。高齡人士打字員的資料處理速度雖然因為年紀大反應較慢，但是打字挑戰的成績卻與年輕打字員沒有差別。

高齡人士打字員是一邊打字一邊「先看過接下來的文章內容」，所以完成工作的水準與年輕人一樣。

經驗豐富的高齡人士比較熟練，即使老化造成認知功能下降，也能夠靠經驗彌補，保持高水準。

高齡人士在漫長的人生中已培養出自己的擅長領域。在不勉強的範圍內，讓高齡人士展現專業，找到人生意義也很好。

* 出處：Salthouse, T. A. 1984 Effects of age and skill in typing. Journal of Experimental Psychology: General, 113(3), 345-371.

明知是詐騙仍然上當受騙的原因

──「想幫忙」的想法被惡意利用

每年都有高齡人士被騙走大筆錢財，警方也經常提醒民眾留意，但是犯罪手法推陳出新，就像在玩貓抓老鼠遊戲一樣。即使知道存在這種詐騙，卻還是上當受騙的原因，以及如何預防？

鎖定高齡人士的惡意詐騙事件層出不窮，在日本稱這種從非特定多數人身上騙取現金等的詐騙為「**特殊詐騙**」。根據日本警方的「令和三年特殊詐騙認識與檢舉現況」調查顯示，二〇二一年日本全國發生的特殊詐騙案共有一萬四千四百六十一起，每起案件平均損失的金額為一百九十九萬八千日圓。

特殊詐騙的手法有哪些呢？一種是在過去就引起問題的「**是我是我詐騙**」；

犯人先假裝是子女或孫子女等，打電話給高齡人士說自己「不小心挪用了公司的錢」、「工作上收到的錢搞丟」云云，接著高齡人士就會按照對方的指示轉帳匯款，或是直接把錢交給來家裡取款的人，因此被騙走錢財。「是我是我詐騙」在二〇二一年發生的特殊詐騙案中，佔整體的二十一．三％（左圖）。

到了二〇二一年急速增加的是「**溢繳詐騙**」，受害件數佔所有特殊詐騙的二十七．七％。溢繳詐騙是被害人會接到「多收了醫藥費」、「年金尚未領取」等電話，要求去ATM操作，被害人聽從電話指示去ATM操作，就會把錢轉入犯人的銀行帳戶。COVID-19疫情使得民眾開始注意醫藥費問題，因此這類「溢繳詐騙」才會得逞。

2021年發生的特殊詐騙比例

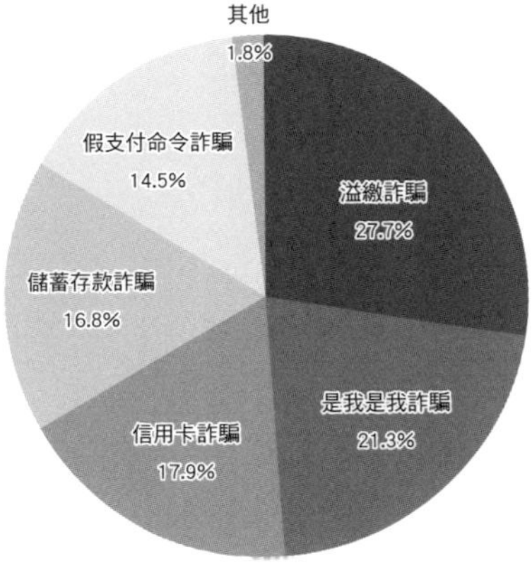

出處：參考日本警察廳（相當於臺灣的警政署）「令和三年特殊詐騙認識與檢舉現況」製圖。

特殊詐騙的被害人之中，女性遠比男性更多。以「是我是我詐騙」為例，

是我是我詐騙的被害人年齡

年齡	男	女
１９歲以下	0.0%	0.0%
２０～２９歲	0.2%	0.4%
３０～３９歲	0.3%	0.7%
４０～４９歲	0.2%	0.7%
５０～５９歲	0.2%	1.0%
６０～６４歲	0.4%	0.5%
６５～６９歲	0.3%	1.9%
７０～７９歲	4.3%	26.1%
８０～８９歲	10.8%	47.2%
９０～９９歲	1.6%	3.2%
１００歲以上	0.0%	0.0%
合計	18.2%	81.8%

出處：參考日本警察廳「令和三年特殊詐騙認識與檢舉現況」製表。

女性被害人是八十一．八%，男性是十八．二%；從年齡來看的話，七十～八十歲的被害人佔比最明顯（上表）。由此看來自己的父母哪天成為詐騙集團下手的目標也不奇怪。

高齡人士上當受騙的原因有三

特殊詐騙儘管經常在電視和報紙上報導與宣導，為什麼還是有人被騙呢？原因有三。

第一個是**高齡人士希望「自己是有用的人」**。已經退休也無須養育子女的高齡人士，認為自己的存在對家人和社會沒有幫助，但身為父母仍然會擔心孩子、希望孩子幸福，而「是我是我詐騙」就是看準他們的父母心，利用為人父母「我必須拿錢出來，否則我對孩子來說就是廢物」、「我想幫助有困難的子女」的心態所衍生的犯罪。

第二個是**高齡人士對於「有好處拿」沒有抵抗力**。他們那一輩與現在活躍於社會的孩子們不同，多數高齡人士是領年金過活，他們很難靠工作獲得收入，想要找尋其他方法多少增加一點存款，因此一聽到「有錢拿」就很容易上鉤。

舉例來說，高齡人士容易被「能夠拿到溢繳款」的話術矇騙，就算牽扯到犯罪，他們也會想著「這個不是犯罪，是正常範圍」；即使詐騙集團的話聽起來很可疑，他們也會認為「沒問題，不要緊」就相信對方。而稍微動動腦就能看穿的謊言，高齡人士會上當的其中一項原因，就是認知功能下降，這使他們不太容易理解複雜的內容、複雜的計算，再巧妙地加上「只限今天」、「要保密」等**刺激迫切性的句子，高齡人士就會感到焦急，無法深入思考**。

第三個原因是**太過自信**，認為「我很聰明、很精明，用不著擔心」。日本警察廳的「是我是我詐騙被害人調查概要」針對二〇一八年實際被騙走錢財的人進行問卷調查，結果顯示，實際損失財物的人有七十八．二％回答「我本來以為自己不會上當」，理由包括「我有自信自己不會受騙」（有自信能夠認出家人的聲音、能夠分辨謊言）、「我原本以為這種事不會發生在自己身上」等。相反地，中途就識破「是我是我詐騙」的人回答「我本來以為自己不會上當」的人只佔五十六・八％。由此可知，對自己不要過度自信，才能夠預防受騙。

親子交流及社區連結要更緊密

想要避免父母親成為特殊詐騙的受害者，告訴他們要「小心『是我是我詐騙』」成效有限，更重要的是要**制定規則**，建立避免被騙的機制，這樣比較有效。**例如：不管發生什麼事，只要有人打電話來要錢，要先打電話給本人確認**等。只要能夠建立平常一點小事也會打電話或傳簡訊互相聯絡的親子關係，即使接到可疑電話，也會優先想到「我先跟孩子討論看看」，就能夠避免損失。

此外，為了避免高齡人士受騙，日本全國各地均採取防止特殊詐騙的行動。多數金融機構都有貼海報等提醒注意，並限制一天的轉帳金額最多二十萬日圓，避免犯罪集團利用ATM轉走大筆款項；宅配業者、郵局、便利商店等也要建立通報機制，一收到疑似裝有贓款的貨物，就要去報警。便利商店和超市等也要推廣，看到一邊講電話一邊操作ATM的高齡人士，最好主動上前關心。

問題是詐騙集團還是會鑽漏洞，導致不斷有民眾受害。各地民眾必須培養「這件事並非與我無關，眾人齊心合力多加留意，打造能夠安心生活的城市」的意識，居民彼此同心協力，才能夠嚇阻犯罪，防患於未然。

理解「受騙心理」的關鍵字

正常化偏誤

某種程度的異常沒有感覺到是異常，反而判斷是正常的心理機制。

偏誤是指先入為主、偏見的意思。正常化偏誤是即使有些異常，卻仍然認為那是正常，試圖保持平常心的心理作用。

這種作用必須存在，是為了避免對於日常生活中發生的變化與新狀況過度恐懼或不安。但是災害發生、真正面臨危險時，如果正常化偏誤啟動，你就會以為「還不要緊」、「上次都沒事了，這次也不用擔心」，因而太晚去避難。異常狀況發生時，不要過度樂觀看待事物，必須接受現實並採取行動。

高齡人士因正常化偏誤而以為「不要緊」，無法正確做出判斷。這是容易遇上詐騙的類型，必須留意。

得到子女認同的尊嚴

認為自己有身為父母的價值，對於子女而言是無可取代的存在。

父母親不管到幾歲，始終都「想要獲得子女的認同」，即使父母上了年紀、腰腿無力，認知功能衰退，子女與父母相處時，最重要的就是不要傷害他們的尊嚴。

舉例來說，不要否定父母的言行舉止，問問他們為什麼這麼想，附和一句「原來如此」就好。或是把摺衣服、澆花等簡單的工作交給父母，再對他們說一句「謝謝你幫了我大忙」表達感謝，這樣也很有效。子女的依賴能夠提高父母的尊嚴。

詐騙集團就是利用長輩這種想要被依賴的心情。子女最重要的是顧慮父母的尊嚴，同時採取各種保護父母的措施。

捷思法

試圖根據自身經驗法則與直覺解決問題的思考方式。

在資訊量多且複雜的情況下，決策就必須耗費時間和精力，在這種場合，雖然不能說百分之百，但一般人多半傾向根據經驗法則和直覺，採取大致上能夠順利的方法做出決定，這種情形稱為「捷思法」思考。

具體的例子就是，比方說在眾多機種之中要決定選購哪一臺大電視時，你會選擇值得信賴的品牌，或是相信店員的說明去選擇，這種決策方式就稱為「捷思法」。無法用言語說明，端賴經驗判斷，可說是高齡人士常用的方法。

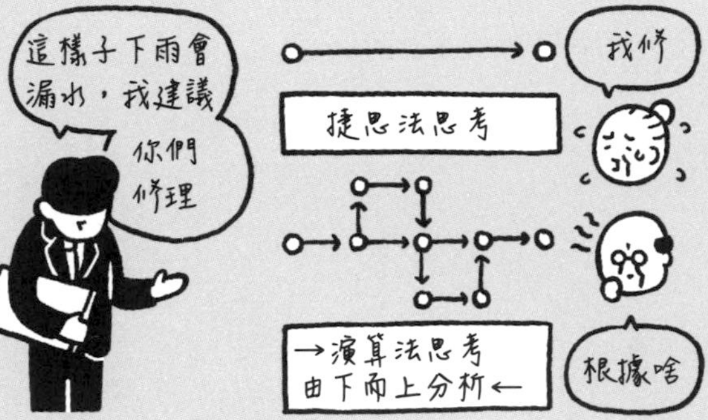

相反地，上網仔細調查商品的規格，與其他品牌的產品比較之後再做決定的方式，稱為「演算法」思考。

還有一種是在深入思考之前就先行動，一邊進行一邊配合狀況決定方針，這種思考稱為「由下而上分析」（或稱上行分析），不過這種思考方式較常見於年輕人，不是高齡人士。

想要防止高齡人士遇上詐騙，請告訴他們別急著根據過去的經驗與先入為主的偏見下判斷。也可以事先講好規則，例如：「有人打電話來提到錢的事情，不管內容是什麼，都先打電話給本人確認」等。

社會資本

把社區或社會上人與人的互信關係、連結視為資源的思考方式。

社會資本簡單來說就是「人脈」。社會資本豐富的社區，居民之間有信任帶來的團結意識，每個人的眼睛隨時都在注意，因此可疑人士很難犯罪。

社區居民之間只要能夠建立網絡般的關係，「那間房子只住著一位高齡人士」這類資訊也會在居民之間共享，即使發生災害也能夠迅速前往救援。高齡人士如果積極參與自治會、在地志工活動等，社區會更加活化，社會資本也能夠更加豐富。

讓高齡人士積極參與地方活動，可以消除犯罪，打造易居的環境。

個別信賴／一般信賴

增加相信所有人類的信賴感，而不是只相信特定的人或物。

人的信賴可分為「個別信賴」與「一般信賴」。「個別信賴」是指「這個人值得信賴」、「這家企業值得信賴」這種對特定對象的信任。相對來說，「一般信賴」是指「全世界的人都很善良，都值得信賴」這種對全人類的信任。

想要減少「是我是我詐騙」，最重要的是提高居住地區的一般信賴；有些地區非法棄置垃圾等情況頻傳，是因為當地居民認為「反正大家都在亂丟垃圾」，一般信賴低，所以容易發生犯罪。反觀會隨手撿垃圾、在步道種花等地區，一般信賴程度往往很高。

一般信賴高的地區，居民彼此也習慣互助。希望高齡人士安心生活，就必須提高地區的一般信賴。

Ⅲ

CASE：6

動不動就發脾氣、易怒的原因

——想起已經失去的「過往」就無法沉默

有些高齡人士仍然緊抓著昔日的職稱不放，或不顧場合就開罵，**這些以往社會價值高的人，容易陷入什麼樣的心態？**

有些高齡人士在退休後仍然無時無刻緊抓著以前的職稱，也有些高齡人士老是在說「以前真好」，老愛抱怨「現在的年輕人」。結果不僅年輕人討厭這些高齡人士，其他高齡人士也不喜歡他們。他們的心裡到底在想什麼？

一項以夫妻為對象，調查各項滿意度的問卷調查結果顯示，假如丈夫的滿意度高，妻子的滿意度也會很高，反之亦然，但卻有一件事情結果不一致，那就是「**社會價值**」。對於社會價值的滿意度，妻子，尤其是家庭主婦很明顯偏低。

人類是社會性動物（群居動物），人人都有想要融入社會、想要得到社會認同，但鮮少有機會與社會接觸的家庭主婦這點很難被滿足。反觀丈夫卻能夠透過工作持續奠定社會價值，當然他們也會在工作上出錯或得到負評，但只要工作能夠獲得某種程度的認同，剩下的部分就靠生存意義來填補。

只不過上班族總有一天會退休，藉由工作得到的社會價值和生存意義，在退休那天起就無法再得到。面對這種情況，有些人會在退休後享受過去沒有機會接觸的嗜好興趣，有些人參加對社會有貢獻的志工活動，有些人擬定新目標。如果是這樣還好，但也有人對於未來沒有任何想法，某天突然失去工作也失去了社會價值，只能緊抓著過往的榮耀（自己認為的）不放。

退休後的生活很難再有事物跟工作一樣，能夠帶來社會價值和生存意義。根據一份二〇〇二年（有點過時）進行的調查顯示，退休上班族之中，**退休後更幸福的是自己創業的人**，再來就是進入其他公司二度就業的人，至於幸福度最低的則是完全退出工作的人。

退休後無法制定新目標的人，可能把每天的生活過得很無趣。有些人會在別人的建議下培養嗜好，但態度消極，所以仍然無法得到滿足。於是他們開始與過去的自己比較，冒出「這種事很無聊」、「以前多好」、「真正的我才不是這種水準」等想法，束縛在過去的職銜，永遠囚禁在過去，即使過去其實沒有很好，他們還是認為以前比現在更美好。

本來是家庭主婦的妻子，反而擅長建立互相稱讚的關係

前面談的主要都是職場經驗豐富的男性高齡人士，那麼，家庭主婦或曾經是家庭主婦的人（妻子），又是什麼情況呢？現在社會普遍也認同做家事、帶小孩是很重要的工作，話雖如此，家庭主婦仍然無法像丈夫那樣得到明確的社會價值。

因此妻子採取的行動是往家庭以外的地方找尋生存意義，試圖透過參與嗜好社團、地區志工活動或與朋友交流，獲得社會價值。女性彼此互相稱讚服裝和隨身物品，也能夠帶來社會價值，從中得到滿足感。

因此，**女性高齡人士在丈夫退休後，多半不理會丈夫發牢騷懷念從前，照樣活力充沛過著老年生活**。

男性高齡人士發牢騷也是滿值得同情的；儘管他們有自信能夠繼續工作，也希望能夠繼續工作，卻因為客觀的年齡因素，瞬間被剝奪就業機會。

包括美國在內的許多先進國家，除了禁止歧視女性和人種之外，也禁止年齡歧視（年齡歧視→**P40**），但日本在各種場合仍然存在對年齡的刻板印象、偏見、歧視，很難想像日本的高齡社會依然有這種情況。既然目前仍是退休制度主導，如何在這種環境下設定新目標就顯得很重要。此外，主觀年齡終究是來自於自我評價，所以也必須客觀檢視上了年紀的自己，還有哪些對社會有貢獻的技術與知識。

另外一個問題是，認為必須打造與在職時同樣環境，否則無法幸福的想法。什麼能夠帶來幸福，每個人的答案都不一樣，不同年齡也會有不同的答案，高齡人士想要找到高滿意度的生活，不能受到一般社會常識的過度束縛，關鍵是要重視「**主觀幸福感**」。

便利的社會更容易激怒高齡人士？

偶爾會看到高齡人士在超市自助結帳機和銀行ATM等發飆的場景，這也是高齡人士會出現的現象之一。這種情況多半發生在是企業管理階層退休，或在學校從事教職的人身上，原因是他們認為自己是「**精英**」。

儘管程度有別，但即使是自我評價很高的人，體能與認知功能仍會隨著年紀而逐漸衰退，自己的想法愈來愈行不通，「精英感」以及做不到而產生的失望，這兩者之間的落差愈大愈容易產生壓力，這樣的小壓力逐漸累積，在不知不覺中變成焦慮，就像杯子裡的水滿到因為表面張力才勉強沒有灑出來的狀態。這時候只要再加上最後一滴水（極小的壓力），情緒就會像杯子滿溢出來的水一樣失控，表現在外的就是憤怒。**並非因為他們是高齡人士，所以容易發飆**。

今後的社會將繼續朝向數位化發展，對高齡人士來說，世界或許會更加充滿壓力。高齡人士在使用電視遙控器時，也會感受到自己的能力衰退，因而自尊受傷。家人在與高齡人士相處時，理解這種狀況很重要。

精英感

自己評判自己時，不與他人相比，認同自己是有能力的人。

許多高齡人士有很高的精英感，認為自己是「有能力的人」。這是事實，同時也是在剩餘人生中生存下來的必備特質；精英感如果不夠高，當身心隨著年齡衰老時，人就很難肯定自己的存在。精英感也可說是防止自我否定的防衛機制。

因此高齡人士就算犯錯，也往往認為不是自己的責任。比方說，從電熱水瓶裝熱水時必須先按解鎖鈕，但高齡人士經常忘記這個步驟，所以會認為是「機器設計不好」。

高齡人士的精英感是生存所必須，我們不應該還沒了解情況就否定。

情緒調控

配合所處環境適度控制、調整自己的情緒。

高齡人士為了避免情緒波動，往往習慣避開情緒化的場合。相較於年輕人，他們更想要控制具攻擊性或衝動的情緒，因此多數高齡人士就算人際關係上起紛爭，也會自行調整感覺，不太表露出憤怒的情緒。

高齡人士希望能夠在所剩無幾的人生中，保持積極正面的情緒，所以想要加深與親近之人的關係，與這些人喝茶或共進午餐，加深交流，從中找到樂趣，另一方面也會減少與關係淺薄的人往來。他們會篩選要與哪些人加深關係。

這種情緒調控是高齡人士為了活得更好所採取的適應手段。順便補充一點，有研究指出，情緒調控能力高的人，幸福感也高。

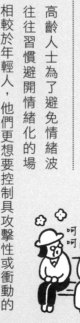

情緒的外顯

表現出對外來事物與刺激所造成的愉快、不愉快等。

情緒表現在外，因此可由這個人的言行舉止等判斷他的喜悅、悲傷、厭惡、恐懼、憤怒、驚訝等情緒，其中又因為情緒會與臉部表情互相影響，因此從臉部表情判讀情緒更容易。

但是高齡人士缺乏臉部表情，所以很難向其他人傳達情緒的變動。

實際做實驗，讓高齡人士與年輕人觀賞搞笑節目，再對比雙方的表情肌反應，結果發現，儘管高齡人士與年輕人同樣覺得「內容很有趣」，但表情肌卻很少活動。

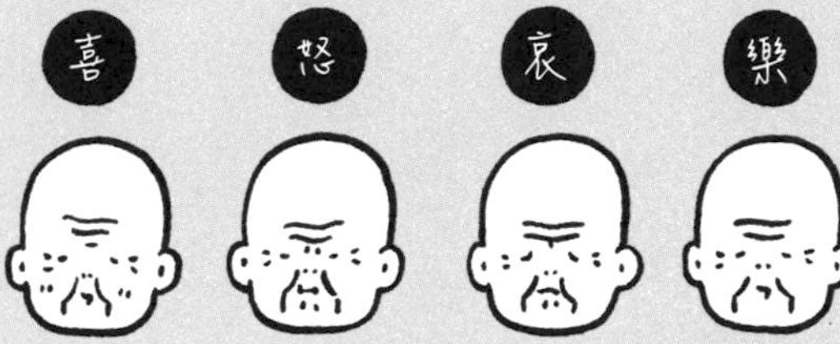

我們很難只看高齡人士表情正確捕捉他們的情緒，這點必須注意。尤其是男性高齡人士的面無表情，常會被誤以為是心情不好。

我們以為對方心情不好，就會心生防備，對方也會感覺到這點，於是看起來更加不滿。這種情緒感染（emotional contagion，不自覺與他人的情緒同步，以為是自己心中湧現的情緒）的惡性循環必須切斷。

高齡人士有時看起來面無表情，但或許正樂在其中，所以也要學會讀取表情之外的情緒。只要面帶笑容的與看來不悅的高齡人士說話，對方多半也會回以笑容。

疏忽（Slip）

對事物的認知與判斷正確，但卻因為粗心大意而做出錯誤行動。

疏忽是三大人為失誤（錯誤發生的原因在於人）之一。採取某個行動時，四周發生某些變化，就會導致錯誤行為發生。

日常生活中已經養成習慣的行為，就算沒有提醒自己「要這樣做」也會自動進行；但只要有其他人找自己說話，打斷自己的行動，就會犯下意想不到的錯誤，這就是容易發生疏忽的狀態。

隨著年齡增長，疏忽的情況會愈來愈多。比方說，高齡人士已經鎖好家門，但只要有人跟他說話，他就會忘記門已經鎖好這件事，想要再鎖一次。想要泡茶時也是，高齡人士只要因為別的事情分心，就會忘記茶壺已經裝水，而想要再裝一次水。這樣的疏忽層出不窮。

順便補充一點，另外兩項人為失誤是：不小心記錯或健忘的「疏失」（lapse），以及蓄意導致出錯的「錯誤」（mistake）。

心想這條路平常車輛很少，於是不走行人穿越道，直接穿越馬路，卻被車撞，這種「錯誤」經常發生在高齡人士身上。

高齡人士正在進行某項工作時，安靜在一旁看著就好，只要和他們搭話就容易出錯。

社會價值

一個人能否獲得社會認同的標準。

人類是社會性生物，因此自然會追求社會價值；可是太在乎社會價值，一旦自己的想法無法得到滿足，就會心生不滿。男性尤其在乎社會價值，一般認為是因為他們突然從透過工作得到社會價值的上班族，被扔進得不到任何人稱讚的環境中。

另一方面，這個年紀的女性多數原本就置身在不易得到社會價值的環境，所以從年輕時就積極與在地同伴、朋友交流，努力建立彼此互相稱讚的關係，因此她們較能夠享受老年生活。

高齡人士老是在發牢騷的話，勸勸他們找機會培養嗜好或與人交流吧，這些都可以充實他們的心靈。

社會貢獻

對人有幫助。對社會有幫助的要素、性質也包括在其中。

高齡人士愛管子女或孫子女的閒事、愛說教，是因為他們希望自己對別人有幫助。身體機能衰退的人，認為自己對社會有貢獻的舉動之一，就是把透過經驗學到的知識和訓示傳授給年輕世代。

因此高齡人士會讓人感覺愛說教，但請別以「那種做法現在已經行不通了。」來反駁他們，溝通時必須適度滿足對方的自尊心。

高齡人士感受到「自己很有貢獻」就會心滿意足，他們不會要求更多的回報，所以如果只是輕微說教或教訓，只要點點頭回答「原來如此」，帶過就好。

自我認同

擁有一定的自信，能夠說出「我是什麼樣的人」，而他人也認同的狀態。

人類是透過自身經驗和社會體驗培養價值觀，找到屬於自己的地方。原原本本的自己（真我）能夠獲得認同時，也會對自己產生自信，建立自我認同。假設情況相反，就會感到絕望，喪失自我，在意旁人目光。舉例來說，退休之後，人就失去了培養多年的自我認同，老是執著於自己的上班族身分，就無法開啟退休生活。

自我認同在人生的任何時期都能夠重新建立。參與自治會或志工活動，與生活中的社群建立關係，確立新的自我認同很重要。

若高齡人士因退休而失去社會角色，建議可以多從事嗜好或志工等活動。

社會認同

藉由自己所處的社會立場認識自己。

在各種身分認同之中，對於社會立場特別有問題的，稱為社會認同。

退休高齡人士的社會認同往往很模糊，但還是有人堅持找到社會認同，尤其是男性；因為他們過去有隸屬於公司組織等經驗，如果自己的社會立場不明確，會感到不安。

退休人士很難實際感受到社會認同的原因也在於，身邊沒有人有同樣的認同感。

為了不讓進入新環境的高齡人士感到孤獨，建議可以參與社團，與一群志同道合的人相處，也是一個方法。

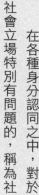

年齡認同

透過年齡認識自己的立場。

年齡認同也是各種認同之一。一群有相同社會認同的人成立社團之後，自己在當中又是扮演什麼身分，這就成了問題。在日本，升官是看年紀和年資，不是看能力，因此在職場也是年齡決定立場。

只不過年齡認同多半是受到主觀年齡（→P42）的影響，所以大眾有時會責怪老年人不自量力、光長年紀不長腦袋等，認為高齡人士的言行不符合這個年紀的社會觀感。

另一方面，長幼有序的堅持也使得高齡人士覺得自己是團體中的年長者。在一群高齡人士之中，較年長的看起來就有一股莫名的威嚴，也是年齡認同的緣故。

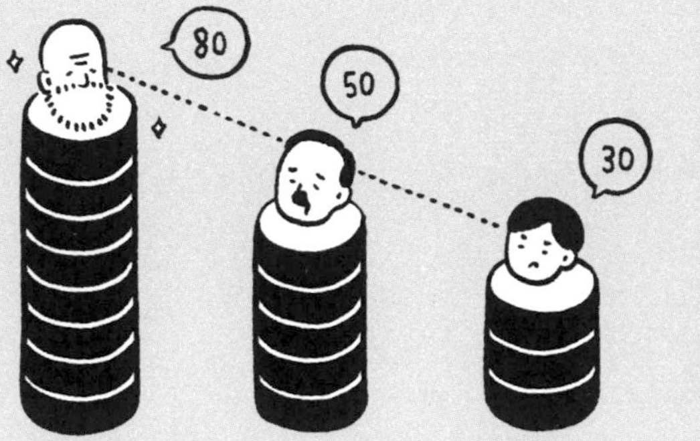

退休後，「我是誰」的想法一旦動搖，人就會變得不安。有些人因為年齡認同，被放低於其他人的位置而感到痛苦，就會想要在現在所處的環境中尋求社會地位，提昇自己的社會認同。參加社區自治會或甚至想要擔任幹部，也是出自於這種傾向。

執著於年齡認同的高齡人士當中，也有人一旦被看輕，反而會藉著虛張聲勢來消除不安。因此，理解高齡人士這種心態，尊重他們的立場，就能夠維持平穩的關係。

自我呈現（Self-presentation）／自我揭露（Self-disclosure）

自我呈現是想要讓人看到自己理想中的模樣。
自我揭露是對人展現私底下的模樣。

人並非總是讓他人看到真正的自己，即使是偽裝，也想要盡量留下好印象，這就稱為「自我呈現」。尤其是社會認同模糊的高齡人士，為了明確自己的社會立場，會刻意在人前展現理想的自己。

具體來說，曾經待過光鮮亮麗媒體圈的人，上了年紀也會打扮得很華麗。

美國心理學家瓊斯（Edward E. Jones）以及皮特曼（Thane S. Pittman）將「自我呈現」的目的分成「逢迎」（ingratiation，強調自己的優點，試圖得到對方的好意）、「自我推銷」（self-promotion，使人尊敬自己）、「模範」（exemplification，讓對方覺得自己是大人物）、「脅迫」（intimidation，藉由恐嚇對方等手段迫使對方接納自己）、「懇求」（supplication，讓自己看起來貧瘠，藉此得到他人的援助）這五類。

另一方面，與對方如何看待自己無關，公開展現自己的優點與缺點，稱為「自我揭露」；一旦自我揭露，就能夠讓對方曉得自己是什麼樣的人，所以對方也較容易放下心防。自我揭露也容易產生「互惠」（→P145）反應，亦即看到你的自我揭露，對方也會揭露出同樣程度的資訊。由此可知，自我揭露可說是與他人建立互信關係的重要交流方式。

每個人配合自己的自我呈現方式，找到自己的容身處很重要。另一方面，自我揭露只要不是嚴肅的內容，都能夠增加彼此的親密程度。

生活滿意度（PGC士氣量表）

評估主觀幸福感的尺度之一。

PGC士氣量表（Philadelphia Geriatric Center Morale Scale，請見下頁）是由社會老年學家羅騰（M. Powell Lawton）所開發，用來評估高齡人士的主觀幸福感。

這是為了檢測老人是否幸福所想出的概念，找出高齡人士對於老化抱持什麼樣的態度、有什麼樣的心理影響、是否感到不滿足等，目的是理解高齡者在每個當下的心情和行動原因。

士氣低的人「對於現在的生活不滿意」、「沒有歸屬感」、「無法接受自己變老」，並且把這些不滿全都表現在各種態度上。

大眾應該對心中不滿的高齡人士伸出援手，幫助他們肯定自己的人生。

自傳式記憶（Autobiographic Memory）

對自我認同的形成有強烈影響的記憶。

意思是深刻影響自己現在的想法與行動的個人記憶，具體來說包括升學考試、結婚、失業等。一般而言，高齡人士回顧人生時，經常想起的是十幾歲到三十幾歲的經歷（這個現象稱為「記憶高峰」（reminiscence bump）），最近一年發生的事情反而比較想不起來。

自傳式記憶的內容不一定正確，討厭的回憶經常會在某個時刻起，被改成美好的回憶，這種情形稱為「重建記憶」（reconstructive memory）。

遇到高齡人士在回憶過往、說「那個時候真美好」時，只要知道他們從那些被改過的回憶得到心靈上的安適就好。

修訂版PGC 士氣量表

請回答下列問題，圈選出符合你現在心情的選項。

1. 你認為自己的年紀愈大，人生也變得愈差嗎？〔II〕
（1）是的　（2）不是
2. 你認為自己跟去年一樣健康嗎？〔II〕
（1）是的　（2）不是
3. 你會覺得寂寞嗎？〔III〕
（1）不會　（2）不太會　（3）經常會
4. 你覺得自己最近開始在意起小事嗎？〔I〕
（1）是的　（2）不是
5. 你對於與家人、親戚、朋友往來的頻率，覺得滿足嗎？〔III〕
（1）滿足　（2）希望與他們多見面
6. 你覺得自己上了年紀後，變得比過去更沒有用處嗎？〔II〕
（1）是的　（2）沒有這樣想
7. 你會因為擔心或有事情放在心上而睡不著嗎？〔I〕
（1）會　（2）不會
8. 你覺得變老這件事，比你年輕時想像的更好嗎？〔II〕
（1）更好　（2）一樣　（3）更糟
9. 你有過「活著也不是我願意」的念頭嗎？〔III〕
（1）有　（2）不太有　（3）沒有
10. 你認為自己跟年輕時一樣幸福嗎？〔II〕
（1）是的　（2）不是
11. 你覺得悲傷的事情很多嗎？〔III〕
（1）是的　（2）不是
12. 你有很多需要擔心的事情嗎？〔I〕
（1）有　（2）沒有
13. 你認為自己發脾氣的次數比以前更多嗎？〔I〕
（1）是的　（2）不是
14. 你認為活著很艱難嗎？〔III〕
（1）是的　（2）不是
15. 你對現在的生活滿意嗎？〔III〕
（1）是的　（2）不是
16. 你看待事物總是很嚴肅嗎？〔I〕
（1）是的　（2）不是
17. 你只要有事需要擔心，就會不知所措嗎？〔I〕
（1）是的　（2）不是

（注）有底線的選項為1分，合計總得分。〔 〕內是因素。I：煩躁 II：對自己老化的態度 III：孤寂不滿。
出處：翻譯為古谷野，1996。因素的分類為羅騰，1975。

懷舊治療 (Reminiscence Therapy)

這種心理療法是利用回想過去，達到心理上的療癒效果。

美國的精神科醫師巴特勒（Robert Neil Butler）指出，高齡人士回顧人生是為了解決過去懸而未決的糾葛，是相當自然的過程。他注意到這個過程，想出可以用來減輕高齡者不安情緒、提昇人生滿意度等的心理療法，也就是「懷舊治療」。

採取的方式具體而言就是讓他們看看舊照片、聽聽老音樂、接觸懷念的日常用品等，互相聊聊過往經驗和回憶。體驗過懷舊治療的高齡人士，可有效解決過去的糾結、恢復自尊。

失智症高齡者也可藉此恢復自我情緒控制能力、減少問題行為，及增加與人交流。

生命回顧治療 (Life Review Therapy)

回憶過去的事情並給予評價，屬於心理療法的一種。

生命回顧治療是幫助高齡人士回憶過往、尋求效果的心理療法之一。與「懷舊治療」相似但不同，最大的差異在於，懷舊治療的主要目的是透過隨意且愉快的溝通，恢復情緒控制能力，提高幸福感。相反地，生命回顧治療多數場合都是按照時間順序回顧生命歷程，並對生活事件賦予意義或給予評價。

從方法的差異來看，懷舊治療適合包括失智症高齡者在內的廣泛高齡人士，生命回顧治療則是適合一般高齡人士。

生命回顧治療需要定義或評價過去發生的事情，有時可能伴隨心理上的痛苦，這點也必須注意。

有明顯妄想與反社會行為的原因

——認為自己是受害者、家裡堆的到處都是垃圾

有些高齡人士不曉得為什麼聽到別人在說自己的壞話，聽力就會變得特別好。
他們把社會大眾視為敵人，把家裡堆成垃圾屋……
這種高齡人士的心態到底是怎麼一回事？

有些高齡人士會鬧彆扭說：「○○老是在說我的壞話」、「反正我也活不久了……」或陷入被害妄想症裡。高齡人士認為有人在說他壞話時，假如真的有人在說他壞話，就表示這位高齡人士的認知狀態正常，甚至應該說，高齡人士本人在場，其他人卻正大光明說他壞話，那些人才是有問題。

有些人知道高齡人士重聽，便毫不在乎地就在當事人面前說：「我們家阿嬤什麼都不會做，只會出一張嘴。」這些人本來以為高齡人士聽不到卻偏偏被聽見，高齡人士就會不悅地表示：「又在說我的壞話」、「把老人家當垃圾……」最後變得更加孤僻。

為什麼高齡人士對於其他談話內容不太有反應，卻對批評自己的壞話很敏銳呢？這個現象稱為「**雞尾酒會效應**」；即使置身吵鬧的派對現場，只要把注意力放在特定刺激上、過濾來自那個刺激的訊息，就能夠清楚聽到想聽到的對話內容。以這裡的例子來解釋，就是把注意力放在特定對象所說的話上，只接收來自對方的訊息，掌握內容。人在眾多資訊中特別容易注意到批評，是因為人類具有對自己的名字、與自己相關事物特別敏感、容易注意到的特質。

不少高齡人士都有重聽，平常對四面八方來的資訊不太有反應，但只要批評的是與自己有關的事物，就會立刻注意到，除此之外的資訊不太接收，這種落差導致高齡者覺得別人「總是」在說自己的壞話。

失智症有時也是引起被害妄想的原因

接下來的問題是失智症引起的被害妄想，高齡人士把實際上並沒有發生的事當成事實控訴，聲稱「錢被偷」、「有人罵我」等，有時還會尖叫或施暴。失智症造成的被害妄想之所以會出現，是因為認知功能降低，加上給家人造成困擾的內疚、無法得到理解造成的疏離感、獨居的寂寞等，各種複雜情感交織而成。

對失智症高齡人士來說，被害妄想不是妄想，而是事實，就算你否定他、反駁他，只會使對方更加固執，並引發新的憤怒與悲傷，甚至會出現更嚴重的妄想。

因此，這種時候**最重要的是好好傾聽高齡人士說話，而不是勸對方別去在意妄想**。即使拿正當理由說服高齡人士，高齡人士也不會乖乖聽話，這點不管有沒有罹患失智症都一樣。只開口附和「原來有那種事發生」、「你真辛苦」等，表達你與對方有共鳴，高齡人士也很有可能就此滿足，不再繼續說下去。如果無法單靠自己的力量處理，最好去找平常看診的專科醫師或當地的支援中心等商量。

「憤怒與孤獨」是高齡人士做出反社會行為或在家裡堆放垃圾的導火線

一般認為上年紀的人易怒，這是各種原因所造成，其中最常見的是獨居老人的孤獨感。人類無法在與社會完全隔絕的環境中生活，需要感受實際得到社會接納的感覺，但孤立的高齡人士覺得自己遭到社會排擠，接納的需求無法獲得滿足，需求沒能獲得滿足就會感到孤獨，反社會傾向因此就在高齡人士心中萌芽。

當然不是所有獨居老人都有反社會傾向，也有高齡人士很積極在享受獨處的樂趣，但多數老人會把對社會的憤怒，轉成強烈的反社會行為。

高齡人士身上出現的反社會行為，最典型的例子就是**把家裡堆成垃圾屋**，造成旁人困擾。為什麼反社會傾向強烈的高齡人士，特別會把自己的住家弄成垃圾屋呢？背後的原因之一就是現代的垃圾分類問題。

垃圾分類對高齡人士來說很困難

現在各地的鄉鎮縣市政府都有詳細規定垃圾分類的方法。廚餘與塑膠垃圾的不同還能夠分辨，但是金屬握把前端是木片的按摩器怎麼辨？巨型垃圾是多大才叫巨型垃圾？即使是年輕人，要看完地方政府公佈的分類一覽表，找出哪個東西分類在哪裡，也會覺得很麻煩，更何況是視力和注意力大不如前的高齡人士。

好不容易分類完，放在垃圾集中場的垃圾卻被貼上一張「無法回收」的貼紙退還，事情發展到這裡，高齡人士的耐性已經到極限，怒火終於爆發：「沒人願意幫我」、「就只會找我麻煩」，於是生活愈來愈孤獨；就算鄰居抱怨：「你家的垃圾造成困擾了。」高齡人士也只會覺得：「那樣正好，你們就多困擾一點。」或者反而發飆說：「關我屁事！」結果在別人眼中「那個人很偏激，無法溝通」、「跟他扯上關係會很麻煩」，高齡人士也就愈來愈被孤立，愈來愈孤獨。

除此之外，還有一個原因就是「**囤積症**」。腦功能障礙使得高齡人士把自己家變成垃圾屋；他們覺得丟東西很痛苦，所以把報紙、雜誌、衣服、包包、書籍、文件、信件，有時甚至還有動物，全都囤積在家裡，壓迫生活空間。再加上高齡人士不願意讓外人看到這狀況，所以不讓家人和鄰居進入家裡。高齡男性有囤積症的比例很高，這種病症屬於精神疾患之一，必須接受醫生檢查。

今後的社會必須建立間接互惠社群

一個地區居民團結的社會，即使進入高齡化，也會發揮「互助合作」的互惠精神，也就能夠減少高齡人士的垃圾分類問題。但是這種精神真的只適用於小型的村落社會，在個人連結薄弱的城市裡很難做到。

沒有人天生就想要生活在垃圾堆裡，要解決這個問題需要有各地方政府專責單位的強制清運，以及提供當事人心理諮詢等社會支持。

預防措施則是平日就要在社區建立「**間接互惠社群**」——就算付出也不期待回報，而是從其他管道受惠——這個機制需要改變社會結構，因此個人能力有限，可以找專業機構諮詢，或是在自治會上討論，盡可能取得更多人的理解和協助。只要有人願意當獨居高齡人士的聊天對象，解決垃圾屋問題就向前邁進一大步了。

雞尾酒會效應 (Cocktail Party Effect)

腦的作用之一，能夠從眾多聲音之中，分辨並聽見需要的聲音。

重聽的高齡人士能夠確實聽到的，只有跟自己有關的話題，這證明高齡人士的「雞尾酒會效應」有充分發揮作用。

「雞尾酒會效應」是指，在許多聲音中一定能夠分辨並聽到需要的聲音，這是腦的作用之一；即使派對現場有一大群人各自說著自己想說的話，你還是能夠與自己的對象聊天，因此而命名。

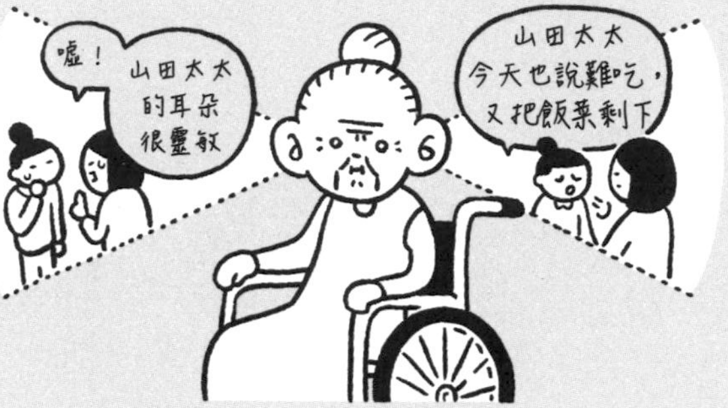
山田太太今天也說難吃，又把飯菜剩下
噓！
山田太太的耳朵很靈敏

有一種情況經常發生，就是年輕人一邊說：「別擔心，阿嬤她耳朵重聽。」一邊當著老人的面批評，高齡人士即使聽力再差，只要是與自己有關的話題，高齡人士通常都很敏銳，都可以聽見。

高齡人士會像這樣聽見他人對自己的批評，也是因為他們會注意跟自己有關的資訊，不管是有意或無意，這種行為稱為「選擇性注意力」（→P83）。一般來說人只要上了年紀，這種能力就會衰退，但就算有些衰退，他們還是會注意跟自己有關的資訊。

除了注意力之外，人還具有推測力。如果對方是平常關係不好的人，高齡人士就會推測對方或許正在講自己的壞話。

高齡人士會注意到別人在講自己的壞話；即使沒人講，高齡人士有時也會以為有人在講。最重要的就是建立不會彼此說壞話的關係。

獨居、孤立、孤獨

獨自生活且得不到社會支持的狀態。

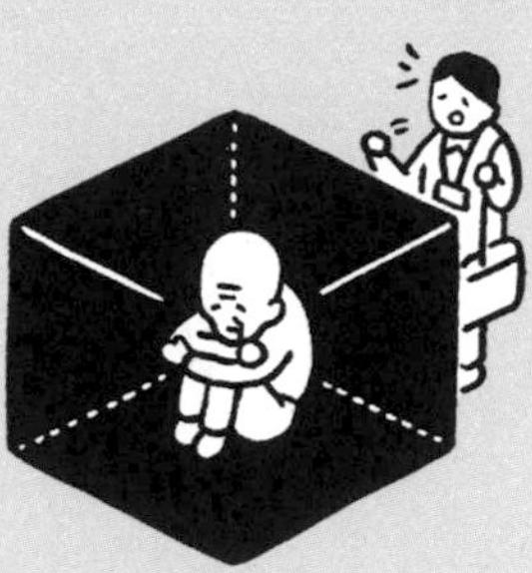

探究高齡人士出現詭異行為的原因時，「獨居」、「孤立」、「孤獨」的差異是重要關鍵。「獨居」單純是指一個人住。「孤立」是獨居加上沒有社會支持的狀態。以上兩種都是客觀狀態，相對來說，「孤獨」則是當事人感覺「孤零零」時使用的詞彙。

容易出問題的是孤立後陷入孤獨的高齡人士，因為多數人必須要有社交生活（與社會連結），否則無法生存。事實上失智症患者以外的高齡人士出現問題行為，多半是太過孤獨所導致。

多數偏激又愛給家人帶來困擾的高齡人士，是缺乏社交才會如此。不使他們孤立、不讓他們感到孤獨很重要。

社交孤立

人際關係淡薄，在社會上找不到歸屬感的狀態。

社交孤立是指缺乏社會連結（社交）的狀態，獨居的高齡人士多半處於這個狀態。這也是高齡人士經常出現失智症等症狀的原因。

舉例來說，飲食營養缺乏管理，提高了動脈硬化的風險，可能引發腦梗塞和腦出血，因此社交孤立也被認為是失智症的間接原因。此外，一旦處於孤立狀態，家人也不會注意到高齡人士逐漸惡化的失智症，如阿茲海默症等。

就算是獨居，只要保持與家人、鄰居來往，就不算是社交孤立狀態。身邊有人能夠留意高齡人士的異狀很重要，才能夠提早發現失智症並採取對策。

心理性孤立

無人理解自己心情的狀態。

心理性孤立是相對於社交孤立的詞彙，即使自己身邊有許多認識的人，如果沒有人懂得自己的心情和辛苦，就是處於心理性孤立的狀態。

高齡人士與他人溝通的能力因失智症等而衰退，無法好好表達自己的想法時，尤其容易感覺心理性孤立。

失智症高齡者各自有特殊表情、性格、喜好、言行模式等，唯有平日經常接觸的人能夠敏銳察覺。不躁進，耐心相處，就能夠提高高齡人士的自尊心與安全感。

囤積症

累積不需要的物品，妨礙日常生活的病症。

生活垃圾、舊衣服、舊報紙、過期雜誌等一般必須扔掉的物品，沒能夠扔掉也無法整理，最後堆到整個家變成垃圾屋，這種現象稱為「囤積症」，屬於腦功能障礙之一，普遍認為起因是腦部損傷、腦血管障礙的後遺症、失智症，以及其他精神疾病等。把住家變成垃圾屋的高齡人士中，最嚴重的是失智症造成的囤積症。一般來說，男性罹患的機率比女性高，男性的年齡愈高也愈容易有囤積症。

只要曉得原因是腦功能障礙，就能夠治療並採取因應措施。當事人對於自己的囤積行為多半缺乏自覺，所以家人的關懷很重要。

要求高齡人士接受專科醫生診斷，並透過服藥和認知行為療法避免日常生活出現障礙。

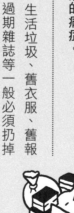

反社會行為 (Anti-social Behavior)

明顯違反社會規範的行為。

反社會行為是指跳脫法律與社會常識等社會規範的行為。多半用來指青少年的問題行為，但高齡人士也有特有的反社會行為。

高齡人士的脫序原因幾乎都是「孤獨」。人是社會性生物，因此一旦無法得到社會支持、感到孤獨，就會轉化成對社會的憤怒，表現出來的態度就是想造成社會大眾困擾。

高齡人士因孤獨而出現的反社會行為，有哪些例子？除了把家裡堆成垃圾屋之外，還有變成奧客，對著店員或窗口負責人員發飆怒罵。

高齡人士的反社會行為背景因素是對社會的憤怒，沒去了解原因就出言警告只會火上加油。解決問題的唯一特效藥就是減輕高齡人士的孤獨。

如果是程度輕的問題行為，只要貼心的一句話，例如：「你自己一個人生活會不會不方便」、「如果遇到困擾，請儘管找我」等，也很有效果。

間接互惠社群

從支持對象以外的管道接受「回報」的互助社會。

人生在任何時候發生任何事情都不奇怪，遇到萬一時，生活中如果有個社群在，有能夠互相支援的夥伴在，才能夠安心，但是在人際關係淡薄的現代社會要實現這點極度困難。

有人認為今後社會需要的是「間接互惠社群」，這不是在長期關係中建立的「互相回報」共同體，而是從施恩對象以外的其他人或管道得到回報的共同體。如果是這種共同體，受惠的一方就不必過度介意，施恩的一方也不會因「對方一點也不感謝我」而不滿。只要這種輕鬆助人、輕鬆接受幫助的共同體能夠實現，就會有更多世界各地的高齡者得到支援。

「間接互惠」的意思是指自己幫助過某人之後，從某人以外的其他人間接得到回報。建立一個成員都認為「〇〇先生對很多人都很親切，等到他有需要時，換我為〇〇先生獻上一己之力吧」的社群很重要。

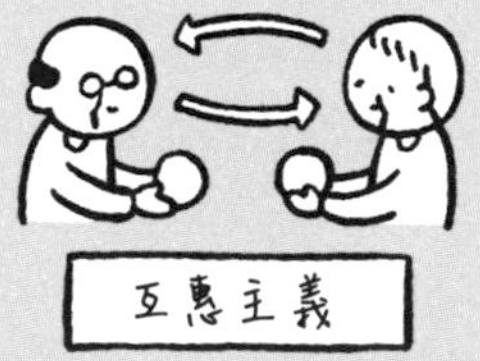

不只幫助高齡人士，看到有人有困難就提供協助吧。「互助」的精神可能在某天自己需要時將成為助力。

PART

IV

「高齡人士」要去哪兒？

CONTENTS

為什麼突然急速衰老？

——壯年期延長，因此縮短了現代人適應老化的時間

過去原本健康生活的高齡人士突然急速老化。
究竟發生了什麼事？
家人該如何因應這種情況？

有些高齡人士健忘的情況突然加劇，或手腳突然變得不穩，身邊其他人覺得年紀還不老啊，高齡人士卻急速衰老，到底出了什麼事？

對於自己的老化有自覺，稱為「**老化自覺**」，主要就是明顯體悟到「啊，我也老了……」老化自覺可以更進一步分成「**內在自覺**」和「**外在自覺**」。

不太能看到報紙的小字或聽力變差是「**感官能力老化**」。牙齒脫落或白髮增加

是「**身體徵兆**」。健忘增加、計算變慢、缺乏耐心是「**精神性衰老**」。這些全都屬於「內在自覺」。

孫子女誕生、退休、配偶和同齡朋友過世、被其他人當成老人對待……這些則是屬於「外在自覺」。

現代高齡人士由壯年期進入老年期，突然要面對死亡

老化自覺不一定全都是負面的事情，以前的時代，身為高齡者是一種社會地位的象徵，也是人人尊敬的對象，但是現在多數人認為「老」是不好的，因此致力於抗老化，使得這方面的祕訣愈來愈多，再加上醫學發達，的確能看到有些高齡人士即使將近八十歲，體能和外貌看起來並不老。

但是這種狀態並非能夠永遠保持，人總有一天會衰老。**以為自己能夠一直維持在壯年期的狀態，最後幾年卻突然變得需要人照顧，這就是現代高齡人士的特徵。**

就像始終維持在壯年期，跳過了老年期，直接迎來死亡一樣。換句話說，他們

還沒有足夠的時間習慣面對死亡。以前的人自然地接納老化，任由身心逐漸老去，很自然地接受自己是老人及即將到來的死亡，但是現代人直到得了腦中風和心肌梗塞等重症，被送進醫院時，才不得不面對衰老，面對與死亡相距不遠的事實，怪不得有不少高齡人士以此為分界，瞬間變老。

人在五、六十歲左右時也會感覺到老，但當時還只是隱隱約約的「不安」；七、八十歲的高齡人士感覺到的老，就是直接與死亡連結，所以這次對於「老」是感到「恐懼」。不安與恐懼對身心造成的損害完全不同，恐懼造成的損害當然較嚴重，高齡人士也是因此才急速老化。

健康的高齡人士會在喪失自信時突然衰老

以上是現代的高齡人士從壯年期跳過老年期，直接衝進超高齡期，這就是急速老化的原因，其中也有還不到稱「老」的年紀，生理上也沒有那麼衰老的人，卻瞬間變老的例子。原因之一就是**喪失自信**。

即使當事人覺得自己還很年輕，但所有的身體機能已經不再是年輕時的樣子。比方說，自己不認為記憶力有變差，但家人和朋友都說「你最近經常忘東忘西」。高齡人士對於健忘沒有自覺，是因為並非所有的記憶力都衰退了，「**後設記憶**」（**metamemory**，監控管理自我認知的記憶過程）功能仍然正常，站在家人的立場或許會有些擔心，高齡人士本人也會在意，記憶力明明應該還在，卻會忘記重要物品擺在哪裡，所以在反覆幾次這樣的經驗後，原本正面的情緒就會完全推翻，失去自信，活下去的欲望降低，也就急速老化。

這不是任何人的錯，家人也是為了高齡人士著想才會責備，這種情形與對錯無關，應該說是現代長壽社會的特徵。

抗老化也不是壞事，高齡人士也希望直到死亡到來之前，都能健健康康過日子，就算是多一天也好，這也是家人與社會的希望。但是抗老化也有失去作用的時候，到了那個時候，人應該要如何面對老化，就是所有人類必須事先想好的問題。

理解「老」的關鍵字

老化自覺

對於自己「年紀大」、「老了」有自覺。

對自己的老化有自覺的「老化自覺」，主要可分為兩種類型。

一種是在自己內在發生的「內在自覺」，這種類型又可分為視物困難或重聽等的「感官能力老化」，皺紋與白髮增加或牙齒脫落等的「身體徵兆」，頻繁忘記東西或缺乏耐性的「精神性衰老」等。

另一類是「外在自覺」。從子女成長、孫子女誕生、配偶和朋友的死亡、屆齡退休等，由這些外在的事物察覺到自身的老化。其他人把你當成老人對待的情況與經驗，也屬於外在自覺。

現代人的特徵是抗老化意識高漲，愈來愈多人到了八十歲左右，仍然不太有自己已經老了的自覺，反而一過八十歲就變得需要人照料等，才會突然實際感受到自己的年老。

這些突然從壯年期進入晚年期的高齡人士，不得不面對死亡，因此對於死亡沒有足夠的準備。現代人多半要等到腦中風或心臟病發作等重症住院，才首次意識到自己的老化。

發生突如其來的變化，導致人自覺到自己無法逃避老化時，就會感到莫大的恐懼。為了避免這種情況發生，一步步正視逐漸老化的自己很重要。

提醒自己正視逐漸變老的事實，即使對老化感到不安，也不至於某天才突然自覺到自己老了而急速衰老。

生理上的老化

維持體內環境恆定的功能衰退。

人的一生可分為生殖期前、生殖期、生殖期後這三大時期。

生物最大的目的是留下後代，因此過了生殖期，生理恆定*（homeostasis）功能就會衰退。

生殖期之前，內臟的新陳代謝和分泌激素的作用仍在確實運作，一旦生殖期結束，這些功能就不再需要，這就是生理角度老化的原因。皮膚產生皺紋、頭髮變白、無法承受冷熱溫差、容易疲倦等種種情況，也幾乎都是因為生理恆定功能衰退的緣故。

生理老化並非全都是壞事。既然身體不再能夠隨心所欲活動，我們可以改為追求心靈的富足，促使人類更有創造性的部分成長，試著把目光放在老化的優點吧。

心靈的老化

失去自我認同與活下去的力量，就是內在的老化。

人有時會因為精神方面的原因而急速老化，最有可能的原因之一就是失去自我認同。自我認同是指，自己和他人認同的自己，或自己這一路走來是如何做自己的感覺。舉例來說，本來一直是上班族的人退休後，不再有定義自己的事物，心靈就會快速老化。心靈一旦老化，動作自然也會緩慢，不願挑戰新事物，最後身體也跟著衰老。

另一方面，也有一些想法認為，人到死為止都會持續成長。上班族即使退休，也不代表就停止成長。

告訴心靈老化的人「人永遠都會成長」、「老化也是一種成長」。

＊生理恆定：就算外在的環境改變，體溫和血流量等體內環境仍然能夠維持一定的身體機能。

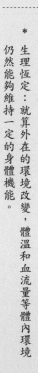

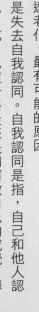

超高齡期

高齡人士之中，八十或九十歲以上的人。

高齡人士一詞涵蓋的範圍非常廣。現在高齡的定義是：實足年齡六十五歲以上。但是由七個老年相關學會組成的日本老年學會與日本老年醫學會建議，高齡的定義應該修正為七十五歲以上。

該學會以科學方式檢驗高齡者的身體狀況與活動能力，結果顯示現在的高齡者較十～二十年前年輕五～十歲。社會上也普遍認為七十歲以上、七十五歲以上才是高齡人士。

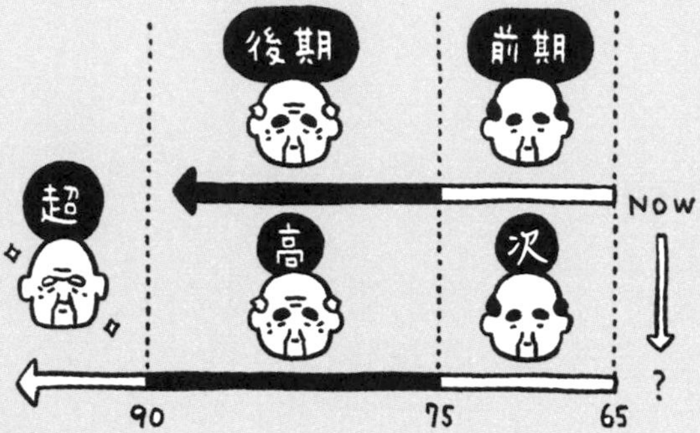

學會根據這些意見，建議高齡的定義應該修正如下：

- 六十五～七十四歲「次高齡人士」
- 七十五歲～八十九歲「高齡人士」
- 九十歲以上「超高齡人士」

希望各位藉此重新審視高齡人士的定義，鼓勵六十五歲以上的次高齡人士主動參與社會，變成支援社會的助力而不再是接受援助的一方。

超高齡獨居者發生「孤獨死」的風險也比其他高齡人士更高，多多關懷他們很重要。

＊譯注：臺灣的勞動相關法規目前對於高齡的定義是「中高齡者：指年滿四十五～六十五歲之人。高齡者：指逾六十五歲之人」。

老年衰弱症（Frailty）

日常生活的動作就快要無法靠自己完成的狀態。

是指排泄、步行等自立生活所必須的動作，「雖然不是完全做不到，但就快要做不到了」的狀態。

老年衰弱症有各種衡量標準，日本多半是使用下表的「衰弱指標」（Cardiovascular Health Study，簡稱CHS）判斷。這五個項目之中，只要有三個以上吻合，就是老年衰弱症，有一～二項符合則是老年衰弱症前期。

但是，老年衰弱症不單是指生理（身體）方面，認知功能障礙等的「認知衰弱症」、與孤食（沒有家人，一個人吃飯）、孤立、足不出戶等現象有關的「社交衰弱症」等也會成為問題。

體力和日常生活所需的功能一旦衰退，幸福感也會降低，大多數人幾乎都這麼想吧？事實上調查結果顯示，前期高齡人士與後期高齡人士的幸福感同樣都會降低。但是另一方面又有其他調查結果顯示，如果是超高

日本版CHS衰弱指標（J-CHS指標）＊

項目	評分標準
1.體重下降	六個月內體重減少2～3公斤以上。
2.肌力下降	握力：男性＜26公斤，女性＜18公斤。
3.感覺疲勞	（最近兩週）無緣無故感覺疲倦。
4.步行速度慢	平常步行：＜1.0公尺／秒。
5.身體活動量低	① 是否做輕度運動、健身操等？ ② 是否定期運動？ 上列兩題都回答「一週做不到一次」

上列項目有三項以上符合的話，就會診斷為老年衰弱症。一項或兩項符合的則是衰弱症前期。

出處：Fried等人的the Cardiovascular Heaith. Study。

＊譯注：譯名參考台灣家庭醫學醫學會「老人衰弱症」。

齡人士，幸福感則沒有太大的降幅。

這個乍看之下矛盾的結果有幾種解釋，其中最有可能的假設是，比起前期高齡人士與後期高齡人士，超高齡人士的「情緒自我調節」比較發達，簡單來說就是很能夠適應自己置身的處境，懂得解決負面情緒。高齡人士克服身體機能衰退的絕望感，提高幸福感的心理狀態，瑞典社會學家托斯坦姆（Lars Tornstam）稱為「超越老化理論」（→P45）並給予肯定。

為了成為幸福的超高齡人士，度過豐富的晚年生活，最重要的是，在較容易陷入負面情緒的前期與後期高齡時期，該如何跨越上了年紀這件事。還有就是讓自己把注意力擺在年老的好處。

更具體的對應方式就是，生理衰弱症會因為足不出戶、運動不足、食欲減退、營養不足、體重減輕、肌肉減少、移動困難等老年症候群的惡性循環，變得更加嚴重，因此有上述各項狀況時都需要協助。認知衰弱症則必須進行腦力訓練，以及重新審視生活習慣。

「社交衰弱症」是概括性的概念，使用這個詞必須謹慎，但可以有效讓更多人知道社會關係和社會環境的脆弱，對高齡人士來說是很大的危險因子。

IV
CASE：9

足不出戶容易罹患失智症？

——飲食與生活習慣的紊亂等，容易提高疾病的風險

減少與外界接觸，會大幅提高罹患文明病與失智症的風險。
儘管有些麻煩，但人際關係的交流，可避開許多危險。

核心家庭的增加與人口集中在都市，使得獨居的高齡人士與日俱增。這種情況隱藏著許多問題，其中之一是成為**失智症的危險因子**。

獨居、足不出戶並非高齡人士罹患失智症的直接原因，話雖如此，比較發病者當中經常足不出戶與經常出門的人數比例，就會發現**經常足不出戶的人有失智症的比例較高**。

失智症的病因超過七、八十種，當中的九十％是**阿茲海默症**、**路易體失智症**、

血管性失智症這三種，以及這三種的混合型。

阿茲海默症與路易體失智症發生的原因目前還不清楚，所以無法斷定與獨居、足不出戶有關，但血管性失智症的原因已經確定，多半是腦梗塞、腦出血的後遺症。

引起腦梗塞和腦出血的最大風險就是動脈硬化，主要原因是高血壓、脂質異常（高血脂症）、糖尿病、抽菸等，這些都是文明病或容易導致文明病的行為，**不均衡的飲食和缺乏運動等的不良生活習慣，都會導致動脈硬化**。

飲食不均衡、抽菸、缺乏運動等，都是導致獨居高齡人士生病的原因

也不是所有獨居、足不出戶的人都會罹患這些疾病，但不能否認生病的高齡人士們生活習慣通常很不好。高齡人士用餐有著與年輕時不同的麻煩之處，所以最近有愈來愈多高齡人士三餐都用速食、便利商店的便當打發，但這樣不均衡的飲食很容易攝取過多的鹽、脂質、碳水化合物。

以年齡層來看，抽菸的高齡人士還是很多；只要沒有聊天對象，自然會抽得更

兇。如果覺得獨自外出很麻煩，高齡人士的腰腿活動頻率就會減少，當然也會提高動脈硬化的風險。獨居和足不出戶也就十分有可能導致血管性失智症發生。

假如出現失智症的症狀，又過著獨居生活或足不出戶、少有機會接觸他人，也就不會發現生病，又假如症狀在不知不覺中惡化，高齡人士或許會無法去購物、無法吃飯，就這樣衰弱下去，也有可能因為用火不當而引起火災意外。等到發生這些情況，家人才知道生病的話，已經太遲了。

因孤獨而染上酒癮，也會出現類似失智症的症狀

高齡人士減少與外界往來容易引起的疾病，不是只有失智症，也可能罹患心臟疾病、癌症、呼吸系統疾病等，而且死亡風險大約是一般人的二～三倍。

獨居和足不出戶也有酗酒的風險；為了排解獨居和孤食的寂寞，忍不住多喝了幾杯，這種人不管哪個世代都有，而且又沒有人阻止，所以酒也就愈喝愈多。

沒在上班的高齡人士更是一天二十四小時都能喝酒，會有什麼下場不用問也知

道。

染上酒癮之後，三餐的食量會減少，營養也因此不均衡，尤其是一旦缺乏維生素B_1，就會在酒精的作用下出現類似失智症的症狀，稱為「**魏尼克氏－柯薩可夫症候群**」（**Wernicke-Korsakoff Syndrome**）。及早發現、及早治療仍有可能恢復，若長期放任沒有治療，損害將難以復原。

不管是失智症也好，類似失智症的疾病也好，高齡人士只要少與人交流，就會有很多的風險。自立生活對於高齡人士來說並非全部都是壞事，但最好還是要有家人朋友稍加留意，才能夠降低這類問題。出現健忘嚴重、過去原本會做的事做不到等狀況，多少有些失智症的疑慮時，家人也要盡量勸高齡人士及早就醫診治。

即使難以根治，只要有適當的照護，就能夠延緩惡化，過著平順的日常生活。沒有出現失智症症狀的人，也請務必重新檢視自己平日的生活習慣。

理解「失智症」的關鍵字

孤食

一個人吃飯，尤其是指沒有家人同桌共餐的情況。

獨居的高齡人士多半也是自己一個人用餐。如果是年輕人，就算是一個人住，也有機會和公司同事、朋友、交往對象等一起吃飯，但是高齡人士很難有這種機會，不但外出次數有限，朋友數量也會隨著年紀愈大而愈少；做飯給自己一個人吃又太麻煩，所以多半吃便利商店的便當等現成食物，就容易造成營養不均衡。

飲食是維持健康的基礎。每天只吃速食、便利商店便當，容易罹患動脈硬化等文明病。從與人交流的角度來說，避免孤食也很重要，而家人朋友也應該盡量注意高齡人士是否營養均衡。

酗酒

有酒癮，不喝酒不行的狀態。

孤食成為問題是因為容易染上酒癮。待在家裡足不出戶的高齡人士，白天不與人見面，不到屋外活動，很難逃離酒精的誘惑，又因為大白天就在喝酒，導致無法見人、無法出門活動，結果陷入惡性循環，此外也會擴大生理（身體）上的問題。對酒精上癮，也就減少了固態食物的攝取量，導致維生素B_1缺乏，就會在酒精的作用下罹患「魏尼克氏－柯薩可夫症候群[*1]」。高齡人士體內的水分比例比年輕人低，所以血液中的酒精濃度容易偏高。

酗酒的關鍵是早期發現早期治療。此外，壓力也容易造成酒癮，建議採取喝酒以外的方法消除壓力。

*1「魏尼克氏－柯薩可夫症候群」：缺乏維生素B_1引起腦幹出血，出現與失智症相同的症狀。

假性失智症（憂鬱症造成）

乍看之下像是失智症的憂鬱症症狀，好發於高齡人士。

假性失智症是高齡人士憂鬱症會出現的典型狀態之一，因為注意力、專注力、判斷力、記憶力等衰退，因此經常被診斷為失智症，但實際上原因是來自於憂鬱症。去醫院接受失智症治療卻沒有改善時，也有可能是假性失智症，改用憂鬱症的治療方式反而更有可能改善。

一般失智症與假性失智症最大差別在於，假性失智症的發病較急速，同樣的症狀會持續但不會惡化，有食欲不振的傾向等。主要治療方式是服用抗焦慮劑等。

高齡人士的憂鬱症多半是受到日常活動影響而發病。如果高齡人士心裡有什麼難受的事，請帶著同理心與支持的心情與對方相處。

阿茲海默症

腦神經細胞急速減少引起的失智症。

阿茲海默症是失智症患者當中人數最多、發病年齡層最廣的失智症，不過其中佔多數的仍然是六十五歲以上的長者。主要症狀是腦神經細胞減少伴隨而來的健忘，以及對時間地點相關的判斷衰退。高齡者有時也會因為這些原因而口出惡言或情緒不安。症狀的惡化緩慢，大約有半數患者會在發病幾年內變得臥病不起，大約八～十年就會死亡。罹患的原因目前仍有許多不明確的地方，不過可以確定有幾項危險因子會增加發病的風險，其中最具代表性的就是糖尿病、高血壓、頭部外傷等。

儘管難以根治，但服藥等可以改善症狀，延緩惡化。除了藥物治療外，運動治療、音樂治療、懷舊治療（→P109）等也都有效。

路易體失智症

異常物質累積在腦中引起的疾病。

稱為路易體的異常圓形物質（纖維狀的蛋白質沉積物）累積在神經細胞內所引起的疾病，主要出現在六十五歲以上的高齡人士，而且好發於男性。常見的症狀包括認知功能障礙*2、幻覺、巴金森氏症*3、快速動眼期睡眠行為障礙（ＲＢＤ）*4等。目前尚未找到根治的方法，因此主要是對症下藥。除了藥物治療之外，調整發病者的環境也有效。

罹患路易體失智症時，早期會出現幻覺，因此最重要的就是盡快就醫診斷，讓病患與家屬了解幻覺是腦生病所造成並學著習慣。此外患者也容易跌倒，所以要盡可能移除生活環境中的障礙物。

*2 認知功能障礙：在不同的時間地點反覆發生，有時很清醒，有時認知功能衰退。

血管性失智症

腦血管生病惡化所引發的失智症。

失智症當中，患者人數僅次於阿茲海默症的就是血管性失智症。這種失智症是因老化、腦中風、動脈硬化等原因造成的腦血管疾病所引起，主要症狀包括記憶障礙、步行障礙、排尿障礙等。此外還會出現憂鬱、發音困難、理解力下降、情緒控制力降低等情況。

血管性失智症的治療方式，如果是高血壓、糖尿病、動脈硬化等造成，首先要治療這些疾病。除了藥物治療之外，運動治療和膳食治療也有效，但這些不僅需要患者本人配合，也需要家屬協助。

腦細胞一旦生病，就無法完全復原，家屬要充分了解這一點，往後必須協助患者的復健與日常生活。

*3 巴金森氏症（Parkinsonism）：與巴金森氏病（Parkinsons disease）的病因不同，但有相同症狀的疾病。

*4 快速動眼期睡眠行為障礙：在睡覺時出現吼叫或施暴等異常行為。

額顳葉失智症

額葉和顳葉萎縮所引起的失智症。

患者人數所佔的比例沒有其他失智症高，這種失智症是腦的額葉和顳葉等特定神經細胞萎縮而引起，主要症狀包括說話與詞彙理解有困難、健忘、行為異常等。假如有高齡人士不在意自身外貌是否整潔乾淨、出現暴力言行、反覆偷竊行徑，或許就需要懷疑是否罹患此疾病。

額顳葉失智症被列為難以治療的疾病，尚未找到根治的方法。患者經常做出令他人不快的行為，也不與人親近，因此經常陷入症狀愈來愈嚴重的惡性循環中。

只要出現疑似症狀，請去找專業的醫療機構診斷。多數患者會出現「一直前往相同場所」等的固執行為，也可以把這種行為視為是患者的例行公事。

可逆性失智症

已經找到明確治療方式的失智症。

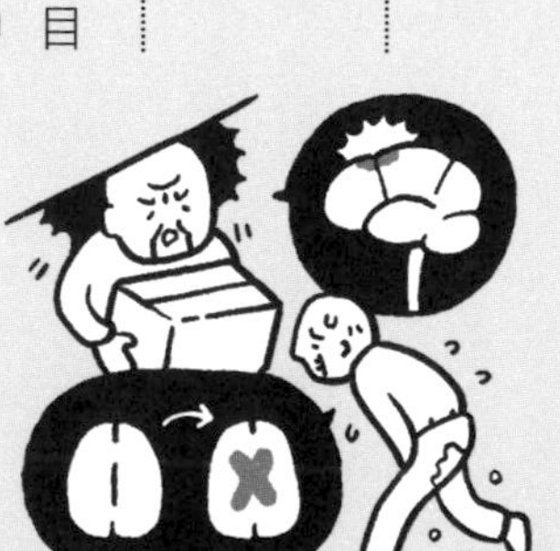

還有其他類型的失智症，目前都尚未找到治療方式，但當中也有能夠藉由治療痊癒的失智症，比方說「慢性硬腦膜下腔出血」、「特發性常壓腦積水」（iNPH）等引起的失智症就是其中之一。

「慢性硬腦膜下腔出血」是頭部遭到強力撞擊，血塊逐漸壓迫到腦、過一陣子之後才會出現症狀的疾病。「特發性常壓腦積水」是腦脊髓液積聚過多壓迫到腦的不明原因疾病。這兩種疾病都能夠藉由外科治療復原。

問題是這些失智症與阿茲海默症等相比，患者人數的比例較低，若誤診成其他類型的失智症就無法得到適當的治療。缺乏適當的治療，失智症將會持續惡化到使病患臥病不起。

失智症的前兆＆病例

失智症的症狀可分成兩大類，包括記憶障礙、時間空間的認知障礙、理解力與判斷力降低等的「核心症狀」，以及「精神行為症狀」(behavior and psychological symptom of dementia，簡稱BPSD)。在你身邊的高齡人士出現下列症狀時，請找相關醫療單位諮詢。

■失智症的核心症狀範例

健忘（記憶障礙）

・幾分鐘、幾小時之前發生的事情立刻就忘記。
・同樣事情說了、問了好幾遍。
・經常忘記東西收在哪裡，老是在找東西。
・忘記約定。
・想不起以前知道的物品名稱、認識的人名。
・重複購買同樣東西。

無法定向時間、地點

・搞不清楚日期。
・在熟悉的巷弄也會迷路。
・搞不清楚事件發生的因果關係。

理解力、判斷力下降

・不會申辦手續，不會存提款。
・無法理解狀況和說明，也無法理解電視節目的內容。
・開車等的失誤增加。

工作、家事、嗜好、生活中的瑣事都做不到

・不會分配工作、家事、嗜好的時間，耗費很多時間才完成。
・做菜調味搞錯，變得不會打掃和洗衣服。
・不在乎自己看起來是否整潔，無法選擇適合季節的服裝。
・吃東西經常掉落。
・變得不洗臉、不洗澡。
・失禁的情況增加。

■失智症伴隨的精神行為症狀（BPSD）

精神行為症狀（BPSD）

・不安，獨處會害怕，害怕寂寞。
・因憂鬱而沮喪，覺得做什麼事都很麻煩，對嗜好和喜歡的電視節目失去興趣。
・變得易怒、煩躁、一點小事就生氣。
・明明沒人在卻堅持有人（幻覺）。
・懷疑自己的東西被人偷走了（被偷妄想）。
・有目的的出門，卻在中途忘記目的，結果回不了家。

出處：日本厚生勞働省（相當於臺灣的衛福部）網站（http://www.mhlw.go.jp/kokoro/know/disease_recog.html）

無法三代同堂的原因

——不同世代價值觀不同，衍生出意想不到的嚴重摩擦

父母、子女、孫子女同住的三代同堂家庭，有時會放大各種問題。
在這種家庭裡的高齡人士有什麼想法？為了讓彼此都有愉快的生活該怎麼做呢？

「我需要你幫忙時，你卻裝作不知道。」
「老是把孫子、孫女交給我照顧，我都沒有自己的時間了。」
與子女同住的高齡人士之中，有些人會有這類不滿。

過去在日本，高齡人士與子女同住是很普遍的情形，祖父母、父母及孩子，這樣的三代同堂家庭隨處可見，但是現在這種家庭愈來愈少，主要是因為父母和子女雙方都不想與對方同住。

界線不明確會影響生活

父母與已婚子女的二代同堂，或者加上孫子女的三代同堂，意思就是在同一戶住宅裡有數個家庭存在。不同世代的價值觀差異，在任何時代都是很大的問題。價值觀不同的家庭想要生活圓滿，就必須事先劃分清楚兩代家庭的界線。**物理的分界線包括家用、三餐等家務由誰負責，心理的界線包括孫子女的教育方式、各自的家人起爭執時如何調停**等。這些事情如果沒有劃清界線，將會一次又一次爆發「跟之前說好的不一樣」、「不要你雞婆」等沒有必要的爭執。

這種情況如果放在大家庭很普遍的時代來看，就算界線模糊也能相處。最年長的男性是一家之主，只要服從他的話，一切都能夠收場。但隨著社會逐漸近代化，人們的意識也發生改變，子女不一定會繼承家業，父母和子女的想法不同也無妨。

儘管如此，父母上了年紀，非得同住的話，就必須設定前面提到的「界線」，可是雙方的主張仍會互相牴觸，無法一起生活，這種時候就有人想出了「二代同堂住宅」；精確設定實體的分界線，一旦有事發生又可以立刻趕過去，可謂是一舉兩得。

然而這個點子還是無法讓兩代人和睦共處；雖然兩個家庭有各自的玄關和樓層，但是住在同一處，界線往往還是很模糊。反過來說，明明就在隔壁卻有實體界線，有時也會導致雙方的關係變得很尷尬。如果高齡人士需要求助的時候，總是碰巧有瑣事發生，這種時候，高齡人士只會對人就在附近卻不能依靠的家人感到不滿：「我需要你幫忙時，你卻裝作不知道。」或是抱怨：「老是把孫子、孫女交給我照顧，我都沒有自己的時間了。」

「家庭神話」的刻板印象破壞了關係

就像這樣，最近幾年的生活方式主流是，父母與已婚子女不再同住在一起，而是各自獨立，偶爾見面。

但是現在狀況再度出現變化，愈來愈多父母成為超高齡的高齡人士，也變得難以獨立生活，或者是哪一方先過世，剩下的一方不得不與已婚子女同住。父母變得需要人照顧，比子女弱勢，也只能夠體諒照護的辛苦，無法強勢表達意見，因此只要忘東忘西遭到指責，理所當然會感到沮喪。

這樣的情況日積月累下來，終於變成嚴重的不滿與壓力而爆發出來，就是因為高齡人士和他們的子女都有一種不合時宜的「**家庭神話**」觀念。家庭神話是一種「家人就是應該要這樣」的僵化觀念，以這種場合為例，家庭神話就是「有家人親力親為照顧才會幸福」、「理所當然是由家人負責照顧父母和配偶」。一旦受到這種想法綁架，表面上不會出現負面情緒，卻會累積在心裡。

雖然父母上了年紀，同住、照顧失能者也是應該的，但必須要出於愛而做。**關係愈親密、愈體貼對方，一旦雙方的強弱關係不平衡，就會有人感到痛苦**。只靠家人照料年邁父母，本來就是太勉強。

照顧者會產生「我那樣照顧你，你卻一點也不感激」、「老是只想到自己，對於我的感受毫不關心」的感覺，這或許就是遭受「照護是家人的責任」、「不可以覺得照護很辛苦」等家庭神話綁架。對彼此感到不滿時，最重要的是回歸原點，重新仔細想想怎麼做才能夠讓彼此都擁有幸福生活。

理解「同住」的關鍵字

拖累症（Codependency）

照顧者替被照顧者著想、支持對方，自己也無法擺脫這種互相依附的關係，反而加深了被照顧者的依賴。

拖累症（或稱互相依附、共依附）是未婚子女與年邁父母最容易陷入的狀況，尤其常在未婚兒子和他的母親身上看到。年老的母親覺得由兒子照顧起居很幸福，所以就算其他人建議請看護，母親也會拒絕說：「我的兒子會照顧我。」

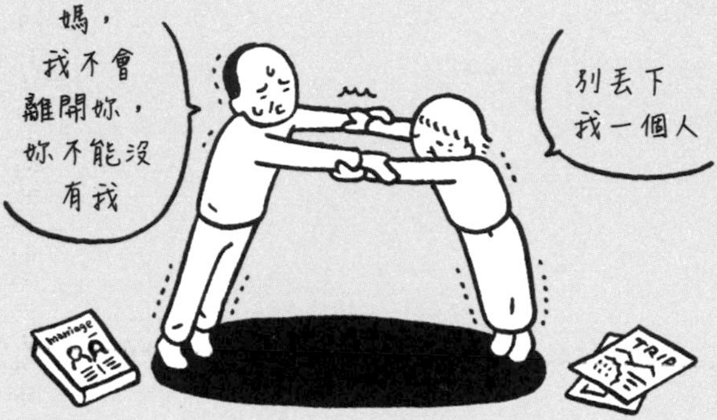

單身的兒子也因為母親提供住處與心靈依歸，認為母親對自己有恩，所以聽到母親這麼說，不得不獨自照顧母親。「別擔心，我會照顧她」這句話就像魔咒，沒有轉圜的餘地，因為人有「想要讓自己的言行一致」這種根本上的欲望。

臨床心理學上認為拖累症的發生，是因為照顧者替被照顧者著想、想要幫助對方，結果自己也無法擺脫這種互相依附的關係，反而加深了被照顧者的依賴。

這樣當然很危險，不管雙方有多麼需要彼此，有時情況仍然會無法符合對方的期待；以為雙方是兩人同心，實際上卻不是這麼回事，往往會引發強烈的怒火，而這種狀態長久持續下去的話，就會演變成虐待等不幸事件。

處於互相依附狀態的兩人遇到困難時，也沒有商量的對象，因此很難擺脫困境，唯有社會支持（→P162）等的第三方介入，問題才能解決。

假如你身邊就有年邁母親與單身兒子獨自生活的家庭，不動聲色地多關心他們，並建議他們接受政府協助吧。

互惠（Reciprocation）

受人恩惠，堅持要回報的心理。

不管是雇請專業的看護，或是家人之間的照料，根本上都是源自於對被照顧者的關懷體貼。人在帶有這種關懷體貼的親密關係上，會感受到強弱關係失衡而產生的痛苦，感覺對對方有虧欠就會渾身不對勁，受人恩惠沒有回報就無法釋懷，這種關係稱為「互惠」。

這種情況也可套用在照護上。高齡人士接受照護，就會想著要回報，但是他們因為身心衰弱，無法報答照顧者，心理上的負債無

法消除，甚至會開始覺得自己此刻接受的照料是剝奪己身自由的「束縛」。

站在照顧者的角度來看，他們根本不曾想過自己的關懷體貼會被看作是「束縛」，但他們也不期待被照顧的高齡人士會報答自己，所以或許感覺到自己的關懷體貼與愛心不會有回報。

這麼一來，高齡人士只會覺得自己是耗費照顧者勞力的人，恐怕會拒絕接受照顧。

人變老是自然現象，身心衰弱就需要接受照顧，也是必然的情況，只要整個社會都有這種共識，高齡人士也就不會那麼堅持要互惠、要回報了。

■ **照顧者也需要被照顧者以外的社會價值與回報。**

世代之間的代溝

不同世代有不同的價值觀與行為模式。

各世代生長的時代背景不同，所以普遍來說有年齡差距的人很難互相理解。家族型態的主流從大家庭變成核心家庭，也是加速世代間代溝形成的原因。價值觀相左的親子萬一同住在一個屋簷下，自然無法建立融洽的關係。

填補代溝唯一的方法，就是以符合現代社會的形式，重新活化世代間的交流。事實上不管是高齡者之間或年輕人之間都存在這種需求。建立「高齡人士期許傳遞自己的經驗，提供社會貢獻；年輕人期許繼承那些經驗，拓展知識和技術」的關係很重要。

各地都有舉行高齡人士與年輕人的世代交流企劃活動，可以多去參與。

世代傳承性 (Generativity)

把注意力放在保護並引導下一個世代。

人過中年之後，透過與自己的孫子女、年輕人交流，開始把注意力放在保護及引導下一世代這件事上。精神分析學家艾瑞克森把這種人對於某階段的關心，稱為「世代傳承性」。高齡人士把知識和技能傳給下一代或協助培育孫子女，也都是「世代傳承性」。這是人類發展階段的禮物。

「世代傳承性」強的高齡人士，能夠實際感受到下一代繼承自己的生命，因此也就能夠接納自己的死亡。

世代傳承性因人而異，想要高度發展，繼承的一方必須展現出積極正面的態度（感謝與稱讚）。在這個意義上來說，世代間建立良好關係也很重要。

……面與心理層面分界線。

……去的日本，高齡人士與年輕一輩同住是很普遍的事情。不是只有二代同堂，三代同堂也很常見，感覺就像是大家族成就一個家庭，因此很少注意到世代間的分界線。

但是現在不同了。社會走向高齡化，使得二代同堂、三代同堂的情況又再出現，同時又受到近代化的影響，尊重各世代不同價值觀的觀念成為主流，在家用與家務分攤、孩子（對高齡人士來說是孫子女）的教育方

針等產生分歧時，也沒有必須聽從長輩的……

為了避免家庭關係尷尬，解決辦法之一就……同堂住宅」，定出物理分界線，不侵犯彼此的領域。……是這個方法也不夠完美，物理分界線會造成心理上的鴻溝，反而使得彼此的關係愈來愈冷淡。

既然雙方都感受不到同住的好處，不如分開住比較好，所以有一段時期二代同堂退燒，但隨著高齡化日益嚴重，又演變成非同住不可的局面。高齡人士變虛弱或變單身時，不得不依賴子女。

身體功能衰退、必須與年輕一輩同住的高齡人士，立場十分弱小，必須配合晚輩的生活，因此很容易累積壓力，導致各種問題。

價值觀不同的家人，更需要走近彼此，頻繁溝通，才是維持安穩生活的訣竅。

妻子過世，丈夫也跟著死去的原因

——男女面對壓力的反應大不相同

妻子過世，丈夫突然癡呆或隨後跟著離世的狀況經常發生。
這種情況是心理上發生了什麼樣的變化？
此外，男人與女人的「老化方式」不同嗎？

一般來說，夫妻中丈夫通常比妻子早逝，除了年紀的因素之外（丈夫年紀通常較長），就算是早就失去另一半的鰥夫和寡婦，較早死的往往是鰥夫。事實上根據一項美國調查結果顯示，喪偶的女性死亡率是十三％，男性是二十五％。

為什麼妻子過世，丈夫也會很快就跟著離世呢？一般認為是面對壓力的對應方式有性別上的差異所導致。

男性總是獨自一人承擔壓力，女性較懂得借用外力排解壓力

人感受到的壓力大致上可分為「日常生活麻煩」（daily hassles），也就是生活中的小小煩躁焦慮，以及「**生活事件**」（life events），也就是人生中的重大事件這兩種。舉例來說，通勤電車很擁擠等，就屬於「日常生活麻煩」。另一方面，「生活事件」之中最大的壓力來源之一，就是配偶的死亡。

人在面臨強烈壓力時如何對應，其實男女有別。面對壓力所採取的行為，在心理學上稱為「**壓力因應策略**」，因應策略可以進一步分成「**情緒焦點因應策略**」（emotion-focused coping）和「**問題焦點因應策略**」（problem-focused coping）兩種。

情緒焦點因應策略是，調適自己的情緒去面對壓力的方法，另一方面，問題焦點因應策略則是，利用個人行動去解決壓力來源的方法。每個人都是配合狀況分別使用這兩種策略，但女性比較偏向情緒焦點因應策略，男性比較偏向問題焦點因應策略，在喪偶的情況下也是如此。

由上可知，如果是「只要自己努力，多少都能排解」的壓力，採取問題焦點

因應策略就能夠完美解決，然而喪偶卻是無論怎麼努力也無法改變的狀況，換句話說，**問題焦點因應策略難以處理喪偶產生的壓力**，因此女性即使失去丈夫，也能夠藉由調適情緒而跨越過去，反觀，男性失去妻子後就會一直承受著壓力。

壓力是萬病之源，可能會使人喪失活下去的力氣，所以男性自然而然會變得比較短命。

男性的年紀愈大往往愈依賴配偶，女性則喜歡與同性朋友愉快度過

喪偶的男女還有一點不同，就是如何適應喪偶後突然改變的生活。

一般來說，女性在配偶死後面對的問題是家庭收入，男性在配偶死後面對的問題是家務。

雙方同樣面臨困擾，但是這種時候，**女性會向其他人求助，男性則通常選擇自行解決**。以女性來說，尋求政府提供的支援，多半能夠在較短時間之內解決問題；相反地，男性獨自一人做家事且始終無法擺脫這種狀況，就會持續承受壓力。

此外，男女各自在婚姻生活中扮演的角色不同，也大大影響到喪偶後是否有意願再婚。

男性即使年紀已經很大，仍然有很多人希望再婚。男女關係一旦變得親密，就會互相依賴，藉此獲得解脫感與安心感，但**一般來說，男性因為社會歷練較深，穿戴著自我防備的盔甲，因此更傾向於追求能夠帶給自己解脫與安心的對象**。

被依賴的女性多半讓丈夫挑起經濟負擔，自己負責家務，可是等到丈夫退休後，待在家裡的時間變長，別說幫忙分攤家務，做妻子的要做的事情反而變得更多，因此很容易覺得不公平。

丈夫如果過世，妻子當然也就能夠擺脫多餘的家務，所以通常不會想要再婚，不想再次感受這種不公平。

因此**恢復自由的女性選擇花時間與其他女性朋友們愉快度過**。有些幸運的男性能夠實現再婚的願望固然很好，但多數沒有機會再婚的男性無法排解家務壓力，因而變得愈來愈虛弱。

理解「寂寞」的關鍵字

壓力因應策略

處理壓力的方式。

高齡人士的人生中最大的壓力，就是配偶死亡這件事了。

面對超高壓力的狀況，人就會想要消除那股壓力，這就是所謂的「壓力因應策略」，也是美國心理學家拉扎勒斯（Richard Lazarus）提出來的概念。

「壓力因應策略」更進一步分為調控自己的情緒面對壓力的「情緒焦點因應策略」，以及透過己身行動消除或改變壓力成因的「問題焦點因應策略」；一般認為女性傾向以「情緒焦點因應策略」，男性傾向以「問題焦點因應策略」來處理壓力。

我老公一年比一年囉唆
爽快
情緒焦點因應策略
有問題就提出來商量
問題焦點因應策略

簡單來說，女性是利用切換自身情緒的方式減輕壓力，男性則是試圖減少或消除造成壓力的原因。

在跨越喪偶之痛這點上，男性也應該利用「情緒焦點因應策略」去面對生活事件。男性高齡人士之中也有人能夠憑藉多年的人生經驗，預測壓力的原因，事先做好心理準備。

假如家人能夠支持，就替高齡人士打造較容易建立這類心理準備的環境，例如擴大與其他同輩交流，或準備後援對策等。

哀傷（Grief）

失去配偶時最典型的反應、深刻的悲傷。

「哀傷」是失去伴侶的反應，雖然不只限於配偶死亡，但對於高齡人士來說，最哀傷的還是這件事。

與一般所謂的「難過」不同在於，「哀傷」反應可細分為睡眠障礙、食欲不振等的生理症狀，情緒憂鬱、罪惡感等的情緒反應，幻聽、想法混亂等的認知反應，以及成為社交邊緣人、酗酒等的行為反應等。長年照護的配偶死後，會覺得鬆了一口氣，但也會有罪惡感。

遺族可以哀傷，但如果持續太久、甚至無法復原，就成了「病態的哀傷」（morbid grief），這時候就需要專業的處置與協助。

退化現象（Regression）

做出與年齡不相符、彷彿回到幼兒期的行為。

男女雙方成為伴侶之後，有時彼此會像孩子一樣撒嬌，這種回到幼兒期的行為稱為「退化現象」。親密伴侶表現出退化現象，就表示信賴對方、表現出毫無防備的姿態能帶來快感。

但是男女的社會角色不同，因此在家庭生活中，男性對女性撒嬌的頻率比較高。而這也反應在喪偶後的再婚意願差異上；配偶過世後仍然身心健全的話，男性多半希望再婚，女性反而多半不希望再婚。

丈夫過世後，多數女性因為不用再伺候丈夫，有了充裕的時間，所以經常與其他女性朋友一同外出。

憂鬱情緒

長期心情低落、沮喪。

憂鬱與喜怒一樣，是人人都有的情緒之一，但每天持續憂鬱沒有中斷的話，就有可能演變成憂鬱症。影響這種情緒的主因之一是生活事件，當中最嚴重的事件就是配偶死亡。憂鬱情緒再加上身體功能衰退、健康狀態有異的話，憂鬱狀態將會更加嚴重。

是否會出現憂鬱情緒因人而異，除此之外有無社會支持、家人是否理解等也有很大的關係。只要困擾時有人能夠商量，也會提高面對生活環境變化的抗性和復原力。

情緒難以復原時，最好考慮就醫並接受藥物等治療。

哀傷輔導

為哀傷引起的日常生活障礙提供的專業照護。

哀傷到甚至連日常生活都出現問題時，也就是「病態的哀傷」，恐怕必須接受專業照護。在安寧病房、安寧緩和醫療等醫療現場，會採行心理諮商等「遺族關懷照護」，醫療機構也有「遺族門診」。此外還有失去另一半的人們彼此互相取暖的「失落支持團體」，以及近年來葬儀社也會提供的「遺族關懷照護」等輔導，在多數場合都有一定的成效。

話雖如此，並不是光靠這些就能夠治好哀傷，家人朋友在日常生活中的支援才是更大的支持，先要有他們的支持，專業的哀傷輔導才能發揮效果。

首先只要高齡人士身邊的家人朋友理解他的想法，就是莫大的支持。

PART V

「高齡人士」未來的生存方式

CONTENTS

不與社會脫節的生活方式

——自立（自律）的同時，做不到的事就大方拜託別人

如果把「我要充滿活力地活到斷氣那一刻」視為理想，當願望無法實現時，你會不會瞬間感到失望？如何從依賴、被依賴中找到幸福的生活方式？

我們常聽到「壽終正寢」，意思是人在活著時，即使年紀大仍舊充滿活力，到死都精力充沛。高齡人士中也有不少人認為「壽終正寢」是最理想的狀態。但是活得愈久，身體功能愈衰退，想要在無病無痛的狀態壽終正寢，除了身體健壯、身邊大小事都自己來的高齡人士之外，可說很難實現吧。

說起來每個人只要上了年紀，理所當然會衰老，所以人們應該把衰老的高齡者

視為一體，思考照顧他們的方法。常有人說：「我不想活太久，不想活到需要人照顧。」但這種想法等於也是在否定人類建立的文明。甚至有人認為：「即使是需要人照顧也想繼續活下去，那叫作自私。」

多數人想要「壽終正寢」的原因是出自於**成功老化**（→P44）的思維。「成功老化」是來自美國的想法，認為理想的老年期就是健康、自立生活、有社會貢獻。日本也有不少人以這個想法為基礎，認為照護必須採「自立支援模式」（**Self-supporting Care**）。問題是，需要照護就是因為無法自立啊！

我們需要的是每位高齡者都能夠安心接受支援的社會，這才是真正理想的社會。只要不擺脫「壽終正寢最理想」的想法，就無法實現真正的長壽社會。

能夠「自律」（自主決定）而非「自立」，對高齡人士來說才是真正的幸福

那麼，什麼是「實現真正的長壽社會需要的支援」而不是「自立支援」呢？就是「**自律支援**」。「自立」與「自律」唸起來相似，但意思上完全不同。「自律」換句話說就是「**自主決定**」，也就是自己的事情由自己決定。

舉例來說，在照護中心接受的協助。據統計資料顯示，**高齡人士入住有專業照護員常駐的特殊安養院，通常比待在家裡由家人照顧活得更久**。日本每年約有一萬人死於洗澡前後的行為與洗澡的過程，這當中大約有八成是高齡人士，可是只要接受有專家提供的洗澡照護服務，就能夠大幅降低意外的發生，光從這一點來看就能確定專業照護機構是高齡人士能夠安心接受照護的地方。然而現況是，許多機構因為人手不足、體制不完整等原因，導致高齡人士無法「自律」。

高齡人士「不希望被人照顧」的理由多半是因為接受照顧就無法自律，也就是無法自主決定。能夠自主決定，他們才會覺得「被照顧也不壞」。

積極與人交流的人愈不容易生病，也愈長壽

適合高齡人士的協助，不是只有政府提供的照護服務，況且光是這樣也不能保證老年生活就一切安心。根據心理學家卡普蘭（Gerald Caplan）的說法，日常生活

的人際關係可積極改善社區心理健康。以高齡人士的例子來說，接受社會援助（**社會支持**）也會明確影響到罹患疾病的比例和死亡率。提供給高齡人士的社會支持中，包括照護與協助日常行動不便的人，除此之外還有傾聽、煩惱時的陪伴等情感支持，以及提供解決方法等諸如此類的各種內容。

高齡人士與社會連結通常很疏離，正因為如此，所以與他人的關係就顯得很重要。人與人形成的相互關係通稱為「**社會網路**」；社會網路的規模愈大、與人交流愈積極廣泛的人，會有良好的「**主觀幸福感**」與**自尊**（→P80）。當然人與人的互動不是只要頻繁、交遊廣闊就好，品質當然也是關鍵。

高齡人士能夠幸福，對他身邊的人來說也是一件幸福的事。即使上了年紀需要人照顧，仍然能夠過得幸福的話，每個人一定都會覺得年老也沒有不好。

理解「自律」的關鍵字

壽終正寢

健康生活不需要照護，最後在睡覺時毫無痛苦地辭世。

總是活得很有活力、很健康，過世時也沒有痛苦，在睡夢中離世，就稱為「壽終正寢」。這也是許多高齡人士追求的衰老方式、離世方式。然而大多數人幾乎都是健康了很長一段時間之後，在人生最後的七～八年變得需要人照顧。

我們當然也希望直到離世都盡可能過得健康並持續努力維持，但如果因此就把不需要照護的人視為「勝利組」，需要照護的人視為「挫敗組」，結果只是造成更多高齡人士陷入不幸又悲慘的局面。

對於終將老去的所有世代來說，將「年老體衰需要人照顧」視為理所當然的社會觀念，才是幸福。

我們不是說好星期天要去約會嗎？

自立（自律）

自立是指自己的事情能夠自己處理。
自律是指個人意願能夠實現的狀態。

高齡者照護的基本概念之一就是「自立度過老年期」，與「壽終正寢」的想法相同，因此延伸出的高齡者照護目標就是「自立支援」。問題是，照護原本就是無法自立的人才有需要，提供要求老人自立的照護，豈不是本末倒置了？

照護現場需要的目標應該是「自律支援」而不是「自立支援」。自律是「我想要這樣」就能夠實踐的狀態。自己做不到的事情就仰賴其他人的力量，也是很自律的思考方式。

高齡人士和家人都太過執著「自立」與「壽終正寢」的話，精神狀態反而會陷入不幸，必須留意這種危險。提醒自己我們要實現的是「自律」。

偶爾也繞遠路回家吧

自主決定

自己的事情自己決定。

假設高齡者照護的目的是高齡人士的「自律支援」，那麼高齡人士有沒有能夠「自主決定」的機制、高齡人士有沒有自由，就成了重點。住進照護中心的高齡人士需要遵守用餐時間、洗澡時間等瑣碎的規定；一個原本隨時都能照自己的意思做的人，因為要配合其他人而動彈不得，光是這樣就會倍感壓力。

照護中心存在的用意，原本是要讓高齡人士安心接受專業支援，應該是他們會喜歡的場所，然而遺憾的是，很多機構都因為人手不足等實際問題而限制了高齡人士的自由。

儘管很困難，但照護現場應該努力的目標，是為高齡人士的自主決定建立體制。

快樂老化

個人主觀認定很幸福的老去方式。

美國講求「成功老化」，意思是老了之後能夠過著健康自立的生活，而且對社會很有貢獻；但是這種主張更傾向於社會貢獻、他人的客觀評判等，而不是考慮到高齡人士的心情。

「比『自立』更重要的是『自律』，也就是能夠自主決定的老年期才是高齡人士該有的姿態」——如果從這種角度來看，應該宣導的是「快樂老化」，而不是「成功老化」，快樂老化重視的是自己覺得幸福的老化方式，用不著考慮自己在別人眼中能否自立。

人總有一天終將無法自立，若是這種時候也能夠保持自律，幸福感就不會消失。

社會網路
(Social Network)

所有人與人的連結。

這裡所謂的「社會網路」＊是指高齡人士的人際關係。對於退休多年的高齡人士來說，人際關係的重心不見得是家人。調查結果顯示，許多人直到五十歲左右都是三～四人一起生活；進入高齡期之後，家裡不到兩人的人數比例才急速增加。由此可知，高齡人士與親密朋友接觸的機會，反而多過年輕人。

不只是高齡人士如此，人只要有更多機會與他人交流，就愈能夠提高主觀幸福感與自尊。但也並非每種人際關係都有這種心理作用，重質不重量才是重點。

希望與想見的人見面聊天或參與嗜好活動，必須建立以自主決定為基礎的社會網路。

社會支持
(Social Support)

困難時出面幫忙的人與社會制度等支援。

社會支持涵蓋的範圍很廣，包括傾聽高齡人士說話、高齡人士有困難時陪伴對方等「情感支持」、提供解決方法或必要物資與服務的「解決問題行動」、告訴對方「有困難時隨時告訴我」等的「間接個人影響」，這些都能夠定義為提供給高齡人士的社會支持。

最近幾年的研究顯示，接受社會支持的高齡人士較不容易生病、較長壽。由此可知，日常生活的人際關係會給高齡人士的心理健康帶來很大的影響。

不依賴社會過活也很好，但應該也要瞭解社會支持帶來的實質好處。

＊社會網路：在社會學的領域，個人與團體、團體與團體的關係，也稱為「社會網路」。

社會支持模式（Convoy Model）

將與自己有各種關係的人們比喻為「護航艦隊」（convoy），展現個人社交網路結構的模型。

以簡單明瞭的方式表示一個人在自己的人生中建立什麼樣的人際關係，就是「社會支持模式」（或稱社會系統支持照顧模型，參見下圖）。

由這張圖可知，配偶、家人、好友等成員很少有變化，相反地，鄰居、職場同事則是很容易出現變化的一群。

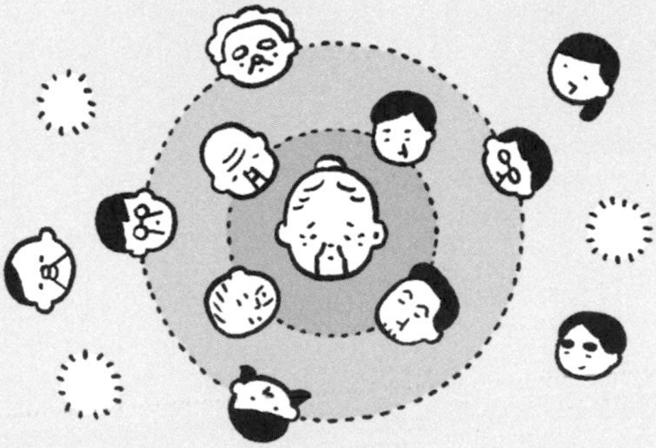

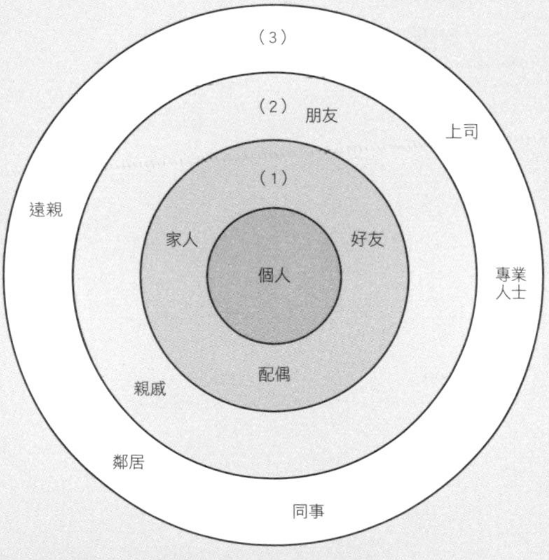

（1）擺脫角色刻板印象的社會支持模式固定成員
（2）有些角色刻板印象，時間一久很容易變動的成員
（3）有角色刻板印象、受角色變化影響的社會支持模式成員

社會支持的範例

出處：參考Kahn & Antonucci，1980製表

比起多變的人際關係，更應該重視不變的人際網路。家人以外的親密好友對高齡人士來說尤其重要。

利他行為 (Altruistic Behavior)

希望能夠幫助他人的「無私」舉動。

能夠自立、自律的高齡人士，願意為了年輕人與社會利益積極行動很好。這類為他人的利益積極行動的行為，就稱為「利他行為」。

比方說，在家裡或社區幫忙照顧小孩，也是一種利他行為。「銀髮族志工」去學校把自己的過往經驗和知識告訴孩子們、維護學生上學、放學的安全等，也很常見。

此外，研究結果顯示，高齡人士能否藉由利他行為感到幸福，與得到支援者有無回饋有關。

只要聽到一句感謝或得到一個微笑，高齡人士都會感覺十分幸福。得到支援的人，請積極表達自己的感恩之情吧。

高齡人士突發意外

多數高齡人士可能發生的意外。

年齡增長造成身體功能衰退，會引發意想不到的意外。後期高齡人士死於意外的比例更是急速增加。

吞嚥（食物和水）的能力下降，食物和唾液容易跑進肺臟，也提高了死於肺炎的危險性。喜歡泡熱水澡的高齡人士容易中暑；血壓激烈震盪恐怕引起腦梗塞、心肌梗塞等心血管疾病，稱為「熱休克」；肌力和視力衰退也會造成跌倒和交通意外。像日本這種持續高齡化的國家在規劃生活方式時，也必須考慮到這些意外。

以熱休克為例，除了高齡人士本人之外，家人平日在入浴前也要先提高更衣空間和浴室的溫度等，採取適當措施。

V

CASE：13

照顧者心態與被照顧者心態

──建立彼此都不勉強、能夠毫無顧忌依賴的關係

我們總有一天會成為別人的負擔，這是無法避免的事實。不管是照顧者或被照顧者，都需要改變觀念。

如果能夠一輩子自立生活當然是再好不過，問題是人生在世大約有一成的時間會需要別人照顧，否則活不下去，這是每個人都要面對的現實。至於這「一成的時間」，如果活到八十歲就是八年左右，如果活到一百歲就是十年左右。

這段時間隨著年齡增加，自己做不到的事情，如：吃飯、洗澡、排泄等也會愈來愈多，照顧者與被照顧者都要承受相同的壓力。

考慮到多數人先是照顧者，後來有一天立場交換成為被照顧者，因此了解照顧

者、被照顧者的心理就顯得十分重要。

「我想自己來」、「我希望是家人幫我」這種想法造成彼此的壓力

我們先來看看照顧者的心態。照顧者就像前面提到的，每天持續做著基本照護工作，協助高齡人士吃飯、洗澡、排泄等，身體的疲勞每天逐漸累積，所以生理上必然很辛苦。

但是更辛苦的是精神上的疲勞。尤其是失智症高齡人士有特定的症狀，例如：半夜起來走動，或者一邊收拾自己的行李一邊說：「我想快點回家」，想要離開照護中心等。

照顧者也不知道高齡人士什麼時候會出現這種狀況、會持續多久，因而有可能產生沉重的壓力。

照顧者之中也有人因為精神方面的原因，或實際上需要二十四小時全天候盯著被照顧者，而辭掉工作或放棄嗜好專心照顧。這樣做或許能夠減輕部分負擔，但二

十四小時持續保持不能掉以輕心的狀態，只想著照顧的事，沒有工作也沒有嗜好，照顧者的生活品質會顯著下降。

體能衰退的高齡人士帶著不安在陌生環境生活

雖然照顧者背負這麼多的辛勞，但被照顧的高齡人士也不見得就會感到幸福。我們會以話語或態度告訴別人自己內心的想法、想要怎麼做、明明這樣比較好等等，但是溝通能力顯著下降的高齡人士，無法好好表達自己的想法，這種壓力往往就會變成煩躁，發洩在照顧者身上。

不只是住在安養院的人如此，搬去與子女同住，接受照顧，也會出問題。對子女來說很熟悉的環境，對高齡人士來說並非如此，所以他們會不安地問：「這裡是哪裡？我想回家。」或許會讓照顧者很頭痛。

這類難以預料的意外狀況，以及不知道會持續多久的未知未來，對於肩負照護責任的家人來說，都是相當大的壓力。少了從容，就無法站在高齡人士的立場替他們著想，即使自己不想，也會不自覺就粗魯對待高齡人士，這種情況對於照顧者與被照顧者都是不幸的惡性循環。

利用老人福利服務牽起照顧者與被照顧者的心

出現妄想症狀，或說「我想回家」，讓身邊其他人困擾的高齡人士，多半是對住在陌生環境感到不安，以及對於自己各種能力衰退感到煩躁。最重要的是在平穩環境中有耐性地傾聽他們說話，安撫他們，就能夠緩和這些症狀。

話雖如此，照顧者的身心方面如果沒有餘力，就無法顧及這些。**從結果來看，照顧者懂得保留心力替自己找樂子、找尋生存意義，看顧高齡者的同時又願意與他們溝通，這樣比起每天傾全力照料、沒時間做其他事情，高齡者的舒適感反而更高。**因此照顧者不要全部自己一肩扛起，請務必考慮並善用政府提供的老人福利服務。

我理解大多數人認為「照護是家人應盡的義務、應該由家人來做」的心情，但也正因為如此，利用老人福利服務才是最理想的辦法。

尤其是高齡丈夫照顧高齡妻子，男性照顧者往往缺乏精神與資訊方面的支援。既然都陪伴到人生的最後階段了，盡量減輕雙方的負擔，對於照顧者與被照顧者來說，才能迎來幸福的結局。

理解「被照顧者心情」的關鍵字

回家願望

住進安養院的高齡人士表示「我想回家」。

我們的日常生活可分為，把注意力擺在其他事物上的「充實時間」，以及什麼也不做的「放空時間」。處於放空時間時，腦子多半會有各種想法在轉動，所以高齡人士容易陷入妄想。

舉例來說，安養院裡罹患失智症的女性高齡人士，一到晚餐時間就想回家為家人準備晚餐，其他女性室友也會因此跟著開始慌亂，這種症狀就是所謂的「黃昏症候群」（或日落症候群，sundown syndrome）。

後來在失智症高齡人士專用的「團體家屋」（group home）做實驗，利用遙控機器人進行對話，高齡人士們就不再出現這類回家願望，能夠正常吃晚餐。由此可知，因為在用餐之前，安養院的職員通常很少與失智症高齡人士接觸，高齡人士無事可做，所以才會出現「黃昏症候群」。因此安排志工等陪伴，減少失智症高齡人士的放空時間，也能夠減少他們想要回家的念頭。

一般認為，難以照顧到的行為問題（精神行為症狀〔BPSD〕：指的是腦神經細胞障礙造成的認知功能障礙，以及環境、身心要素交互作用引起的精神症狀和行動障礙。）發生之前，病患通常都處於放空時間。我們有必要從這類觀點出發，探討BPSD發生前的狀態。

處於放空時間容易發生BPSD，所以照護員必須觀察失智症高齡人士的日常生活。

獨自外出

不安的失智症高齡者持續走不停的現象。

走出安養院想要回家等的舉動，稱為「獨自外出」。他們有可能是不清楚自己此刻在哪裡，所以想要到處探索；或想要外出購物，所以離開安養院；或是因為產生幻覺與妄想，所以來回徘徊。不管是哪一種情況，在當事人心中都有明確的理由。這種行為原本稱為「徘徊」，但徘徊是指漫無目的到處走，所以為了區隔，有愈來愈多人開始改用「獨自外出」[*1]。

有時獨自外出是因為壓力或個人習慣，所以事先了解高齡人士的行為模式很重要。此外，安養院、患者的家庭與在地社區之間的聯繫也不可少。

*1 額顳葉失智症患者的「獨自外出」是已經有既定路線，所以在日本稱為「周遊」。

攻擊性

失智症高齡者因壓力而引起的態度轉變之一。

失智症高齡人士出現攻擊性態度，是因為無法順利表達自己的想法，因此感到煩躁所導致。與年輕時不同，老了之後溝通能力下降，就會變成壓力爆發出來。尤其當他們的視力沒問題，能夠清楚看到四周狀況，卻只有對話能力衰退時，就會有較強的攻擊傾向。

溝通方式不是只能仰賴言語，表情、舉止、手勢等也有助於表達意思。了解每個人的性格、喜好、行為模式等，對於理解也很有幫助。

仔細傾聽、觀察對方說話，能夠帶給高齡人士安全感[*2]，這樣就能夠降低他們的攻擊性。

*2 也有調查結果顯示，照顧者照護的年資愈久，高齡者愈不容易產生攻擊性。

預立醫療照護諮商
(Advance Care Planning，簡稱ACP)

為了預防萬一，病患事前與家屬、醫療照護團隊討論自己希望採取的醫療與照護方式。

高齡人士與家人、朋友、主治醫師、照護團隊反覆討論人生最後階段的醫療與照護，做出符合人生觀與價值觀的決定，稱為「預立醫療照護諮商」。

每個人對於自己的臨終階段的處置因人而異，有些人認為「臥病在床且沒有意識時，就拿掉人工呼吸器」，也有人希望「盡可能救治、延長壽命」。我們不該認為這種話題不吉利就避免談論，反而要積極在日常生活中與家人朋友討論。

簽署ACP的當事人心態，有時也會隨著時間改變，所以醫療相關人員除了要提供適當的資訊與說明外，反覆與家屬、照護團隊確認也很重要。

臨終照護
(End-of-life Care，簡稱EoLC)

協助高齡人士活得更舒適，直到生命終結那一天。

協助高齡人士過完美好的人生，直到死亡到來那天為止，稱為「臨終照護」。也就是把用在生命末期患者身上的「善終照護」(Terminal Care)，應用在高齡者的照護上。

與「臨終照護」類似的還有「安寧療護」(Hospice & Palliative Care)。安寧療護的目的是為了預防並舒緩生死攸關的疾病帶來的身心痛苦。「臨終照護」的特徵是在對應高齡人士特有問題，包括失智症與腦血管障礙等疾病，以及倦怠感、呼吸困難、譫妄等症狀。

高齡患者與家屬在面對人生最後一段路時，關切的重點不同。家屬與相關人士盡量按照高齡患者本人的意願給予支持，也是一種照護選擇。

辭職照顧

為了照顧家人辭掉工作。

照顧高齡人士的家屬之中，有愈來愈多人因為要承擔各種負擔，難以兼顧工作，所以選擇辭職，專心在家照顧。而且為了照顧家人辭職的，多數都是非正職的女性勞工（如：約聘、打工、派遣等）。他們在比較過薪水與看護費之後，決定選擇辭職在家照顧家人，但是重心全擺在照護上的生活，也是老人虐待發生的原因。從這個角度來說，我們應該避免為了照顧家人辭掉工作。

無論辭職前是何種僱用形式，負責照顧的人通常都是四、五十歲的青壯年，正好是勞動市場的主力，他們離開職場對社會來說是一大損失。日本政府為了因應這種狀況，也制定了「育嬰長照留職停薪實施辦法」。

撐不下去了

利用「育嬰長照留職停薪實施辦法」的人很少，除了要讓民眾知道這項法律的存在，也要改善職場制度。

家人照顧的神話

「由家人照顧才幸福」這種沒根據的觀念所造成的偏見。

「家人之間不能有祕密」、「按照一家之主說的去做就好」諸如此類的說法，都是來自過去存在的「家庭神話」。同樣地，也有不少人被「家人親力親為照顧才幸福」、「照顧父母或配偶是理所當然」等觀念束縛。這種說法乍看之下很有道理，但仔細想想不過是偏見*3。忍受強迫的善意還不得反對，不管是照顧者還是被照顧者，總有一天都會爆發，其結果之一就是發生「老人虐待」。

…
我雖然癡呆了，但是有妳在我很安心

首先必須擺脫「家人親力親為照顧對高齡者來說才是幸福」的偏見。就算照顧的動機起初是關懷體貼，但只要任何一方或雙方都感到壓力，就沒有人能夠幸福。

*3 不少研究案例證明，社會支持的介入，能夠讓照顧者的心靈更有空間，對照顧者與家人之間的關係也有好處。專業照護員就是為此存在。

老人虐待

照顧者故意折磨高齡者的情況。

老人虐待主要可分為「身體性虐待」（包括持續阻止高齡者外出）、「精神性虐待」（威脅、忽視、騷擾等）、「性侵害」、「疏忽」（放棄照護）、「物質剝奪」（未經高齡者同意使用其財產與金錢）這五類。

這些都是嚴重損害高齡人士的人權與尊嚴的行為，其中佔最多數的是身體性虐待。虐待的理由包括無人協助、照護知識不足、負擔過大、照護過程痛苦等。虐待是不被允許的行為，但也不能忽略照顧者的掙扎與壓力。

有些情況是高齡者本身沒有自覺，但在第三者看來明顯是虐待的行為。危急時必須考慮讓專業人士介入。

成熟式依賴

能夠自立的部分自立，必須依賴別人的地方依賴。

知名英國心理學家費爾貝恩（William Ronald Dodds Fairbairn）認為，人類會從全面依賴他人的「嬰兒式依賴」，成長為可自立的部分自立、必須依賴別人的地方依賴的「成熟式依賴」。

能夠完整社會化的成年人懂得如何依賴他人，一旦上了年紀，無法自理的情況愈來愈多，「不靠任何人，自立自強的狀態才是人類該有的樣子」這種想法不過是妄想，所以如何依賴他人也就變得很重要。

擔心「向人求助會不會造成困擾？」表示你還沒有發展到「成熟式依賴」的階段。一起精進自己，培養讓人覺得「能夠幫上你的忙是我的榮幸」的魅力與人格吧。

V
CASE : 14

老了反而能夠打造「理想的自己」

——抬頭挺胸相信「現在是我這輩子最閃耀的時刻」

有些人老了更能夠發揮豐富的才華；
相反地，也有人早早就身心健康出問題，過著痛苦又冗長的老年生活。
為了迎向更美好的老化，我們能夠做什麼？

走到這世上任何地方都會看到高齡人士，平時在路上也到處都是期待著去購物或逛美術館的高齡人士們；還有高齡人士報名加入健身房，流著汗水做著不輸給年輕人的訓練。

但是另一方面，也有高齡人士身體到處出問題，無法好好生活；或是儘管年齡遠遠低於平均壽命，卻急速衰老死亡。

充滿朝氣的高齡人士與相反的高齡人士，這種差異究竟是從何而來？人類即使不再有生殖能力也能夠活很久，女性的這種傾向尤其顯著。原本生物多半是一過生殖期，體內維持恆定的功能（生理恆定→**P127**的補充說明）就會降低，死亡風險增加，這點在人類身上卻不適用，女性還特別長壽，有人認為是因為年輕父母需要阿嬤協助減輕養小孩的負擔，這種主張稱為「**祖母假設**」（grandmother hypothesis），也被視為是人類長壽的有力根據，因此帶給女性高齡人士勇氣。

現在養小孩的方式當然很多樣化，「祖母假設」不見得能夠發揮功用，但可以確定的是高齡人士能夠長壽，的確存在社會性的意義。

既然長壽有意義，只要正面接受它，應該就能夠實現豐富的老年生活。身體功能雖然沒有年輕時好，但高齡人士卻擁有多年累積的知識與經驗。

「**流動智力**」（fluid intelligence），也就是計算能力、圖形處理、直觀能力等年輕人擅長的知識能力，會隨著年齡衰退，但理解能力、洞察力、溝通能力等由思維累積提高的「**結晶智力**」（crystallized intelligence），只要不停止體驗和思考，就不會衰退，只會愈來愈豐富。別看到自己做不到的事情愈來愈多就覺得感嘆，不如算算自己隨年紀增長而逐漸增加的能力，懷抱希望，精神與身體也會更健全。

繼續累積豐富經驗，提昇高齡人士才有的知識與智慧

長期用來處理人生重大問題所必須的「智慧」，以及開創新事物或構思不受既有框架束縛、很有彈性的點子所必須的「**創造性**」等能力，也需要隨著經驗累積而提昇，甚至在某些領域要到了高齡期才會迎來巔峰。

若只是虛擲歲月，就無法提高結晶智力和智慧。前面也提到過，如果不豐富經驗和思維，這種能力將無法成長。接觸大自然，或是與人相互接觸，或是看書，或是心動，都能夠豐富個人的經驗和見解。自己主動累積各種經驗也可以。

經常認為「我已經這把年紀了，沒辦法開始新事物」的人，無法累積更多經驗。**每個人老化的速度快慢不同其實也是受到心情的影響**。在社會逐漸高齡化的現代，高齡人士的**數位落差**（digital divide）問題嚴重，但對於各種事情積極正向看待

的人，不認為數位裝置很難學，他們用的就跟年輕人一樣自在。

只要能夠持續擁有活下去的目的，人就會健康長壽

不管生活多麼有幹勁，肌力、心肺功能、感官等勢必一定會衰退。食物跑進氣管、洗澡的熱休克反應、跌倒受傷等，往往都會讓高齡人士重病，最糟糕的情況恐怕導致死亡，因此必須十分小心。

高齡人士想要維持健康還有一項重點，就是情緒問題。多年來的研究顯示，**活下去目的愈強烈的人，認知功能的惡化衰退就會愈緩慢**。活下去的目的不一定是什麼遠大的目標。以一項一九七〇年代在美國進行的調查為例，結果顯示即使是住在安養院的失智症高齡者，可以自己選擇食物的人，也會比無法選擇的人長壽。**由此可知，無論多麼瑣碎的小事，帶著目的過著自主決定的生活，有助於保持身心健康與充實老年生活**。家屬和照顧者也請把這件事情牢牢記在心上。

理解「多采多姿的老化」的關鍵字

祖母假設

女性較長壽是因為必須幫助子女和孫子女。

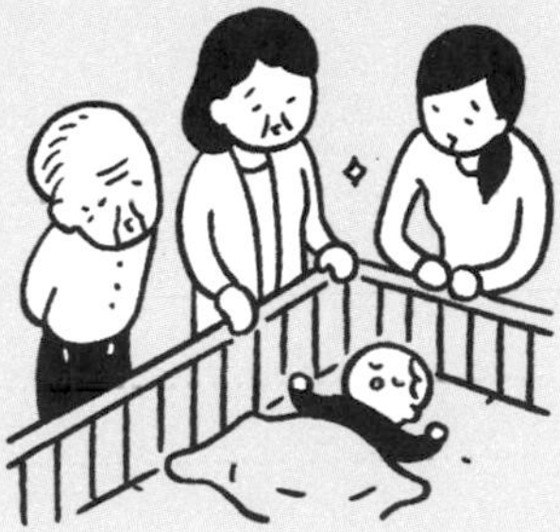

生物的壽命是取決於出生到可生育為止這段期間的長短。哺乳類的最高壽命是可生育年齡的五～七倍，以人類來説就是十四歲的七倍，也就是大約一百歲是最高壽命。

人的一生可分為三個時期，從出生到性發育成熟的「成長期」、產下並養大子孫的「生殖期」，以及生殖結束後剩餘的人生，稱為「後生殖期」。當中的「後生殖期」是大自然界不需要的時期，所以會發生老化現象。實際上人類在結束養育小孩後，通常也會急速老化。

但這裡不知道為什麼產生了男女差異，其他哺乳類的話，無論雌雄都會平等老化，但人類女性在失去生殖能力之後，卻也意外地長壽。從演化論的角度該如何解釋此種現象？答案之一就是「祖母假設」。

人類的小孩需要很長一段時間才能夠自己站立，剛出生的第一年還不會走路，吃飯、排泄等也需要其他人協助。站在負責生養的父母立場來看的話，只靠生殖期的生理恆定不夠，因此他們擬定策略，讓整個社會一起幫忙養小孩，讓過了生殖期的女性，也就是阿嬤幫忙分攤，所以阿嬤才會這麼長壽，這就是「祖母假設」的主張。

女性的平均壽命比男性長，也可以用「祖母假設」來解釋。阿嬤參與養小孩，可降低小孩的死亡率，繁衍更多的後代。

在文明發達的現代，「祖母假設」不見得能夠發揮作用，但原本存在的功能並沒有消失，仍然留著，現在看來高齡人士之所以長壽或許具有某些意義。

結晶智力

理解力與洞察力等，從經驗中得到的智力。

思考高齡人士長壽所代表的意義時，其中很重要的要素之一就是「智力」。智力可分為各種類型，舉例來說，計算速度、圖形處理、直覺等資訊處理能力，稱為「流動智力」；以個人電腦來打比方的話，這部分就相當於硬體，也是影響大腦性能的部分，因此大腦會在停止成長的青年期開始衰退，到了老年期將會加速衰退。

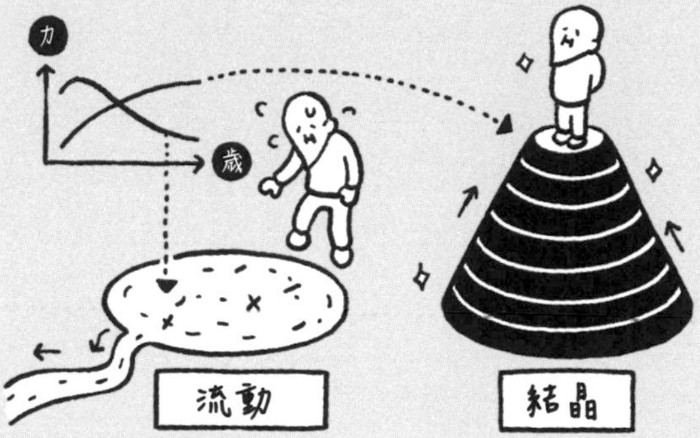

相反地，「結晶智力」是藉由經驗獲得的智力，是理解力和洞察力等思考累積而提昇的智力，所以只要不停止累積經驗、不停止思考，就不會衰退，甚至會隨著年齡增長而提高，對高齡人士來說有這種智力值得慶幸；既然存在這種類型的智力，變老也不壞。

過去社群等之中發生問題時，負責接受眾人諮詢、提供意見的都是長老的角色。許多高齡人士活躍在政治和企業經營領域，也是拜結晶智力所賜。高齡人士的智力全都比不上年輕人，這完全只是偏見。

但不是只要上了年紀，人人都會提高結晶智力，因為洞察力和理解力都只能從複雜的經驗和思考之中培養。

想要累積可提昇結晶智力的經驗，必須出門與人交流，或接觸大自然，或透過看書和欣賞藝術等增廣見聞，或產生心動的感覺。

日常智力

處理個人日常問題所必須的知識能力。

構成一般智力的智力之一（與結晶智力、流動智力等不同），稱為「日常智力」。這種智力與下面介紹的「智慧」類似，但是跟智慧相比，這種能力的特徵更傾向於個人用來解決日常問題的智力。一般來說，成年期有工作和家庭問題，高齡期有家庭和健康問題要處理。

已知日常智力和結晶智力一樣，在成年期之後仍會持續成長，但是也跟其他智力一樣，並非上了年紀自然就會養成。

你好
是喔
別跟那個男的交往，他很可疑

年輕時的職業、受的教育、經歷的人生經驗等累積歸納整理的成果，就是日常智力。想要智力成長，今後也應該繼續累積成長所需的豐富經驗。

智慧

處理人生重大問題時必須具備的知識能力。

「智慧」就如同一般大眾的印象，是年齡愈大愈豐富的知識能力，這裡尤其是指處理人生重大問題時必須具備的能力，不是一朝一夕就能得到的知識和經驗，因此想要提高智慧，格外需要花時間，所以高齡人士的智慧理所當然比年輕人更發達。

到了高齡期痛苦難過的體驗（負面生活事件）又特別多，針對這類體驗的思考不斷累積，也會影響到高齡期的智慧與睿智的發展。

你感冒了吧，喝下這個

高齡人士的智慧對社會整體來說是珍貴的財產，只要懂得尊重他們的智慧，就能夠提昇他們的自我效能感，為社會提供更豐富的智慧。

創造性

創造、發想新事物的能力。

創造性與智力、智慧之間有明確的差異；智力和智慧靠的是一個人內在累積的經驗和知識，相對來說，創造性是使用超越知識的發想力與應用力，是創造新事物的能力。

發揮創造性最具代表性的作為就是藝術作品和科學成果。

根據美國心理學家丹尼斯（Wayne Dennis）的調查顯示，藝術領域的創造性高峰期在三十~四十幾歲，過後就會急速下

滑；但是自然科學領域的創造性在四十幾歲達到高峰，過後直到六十幾歲為止，生產性都不會下降。此外人文科學領域在三十幾歲之後緩慢上升，六十幾歲時生產性迎來高峰。由此可知，創造性不見得會因為年齡增長而衰退，有些領域反而是高齡者比年輕人更擅長發揮創造性。

創造性無法用數字衡量，所以很難精確地說幾歲之前不會衰退，但是即使是後期高齡人士和超高齡人士，也有不少發揮創造性的例子。

只是散漫過生活，無法鍛鍊創造性，若想要豐富創造性，最重要的是廣泛收集資訊，針對問題導出多個有獨創性的回答，也就是「擴散性思考」（divergent thinking）。

想要充實高齡期的生活，最重要的就是養成習慣，對各類事物保持興趣，從各種角度多方思考，提高創造性。

高齡人士的數位落差問題

高齡人士成為資訊社會的化外之民所衍生的事態。

現在我們生活的這個社會充滿高度的資訊科技，大多數家電都使用數位技術，走在路上也經常可看到在銀行ATM、超市自助結帳機前面不知所措的高齡人士。豐富我們生活的數位技術，對高齡人士來說也是壓力的來源。

高齡人士不擅長使用數位技術，與數位技術普及的時代有關。以現在六十幾歲的人來說，他們在個人電腦普及的一九九〇年代後期正好是三、四十歲，所以對個人電腦和智慧型手機的接受度還算高，如果是年紀再大一點的高齡人士可能就有很大的門檻。

即使是超過七十五歲的高齡人士，只要對新科技好奇心旺盛、充滿興趣，就能夠學會使用更多類型的數位機器。

嫉妒

怨恨別人的表現比自己好的情緒能夠帶來進步。

嫉妒是負面的情緒表現，一旦出現這種情緒就會產生壓力，儘管如此卻也無法消除這種情緒，因為人類就是透過嫉妒產生競爭，藉此提昇技能。嫉妒心愈強的人愈能夠贏得競爭，取得食物和財富，留下更多後代，這是「演化心理學」（Evolutionary Psychology）＊認為「嫉妒」之所以存在的原因，是生存動力。有些人老了反而更有上進心、更努力，這種人或許嫉妒心很強。這現象也合乎演化論的主張，所以沒有必要視為負面的意思。

「那個人跟我年紀差不多，卻很有活力」、「我希望像她一樣年輕漂亮」等對他人的怨恨、嫉妒心情一旦湧現，可以將之視為是新事物的開始與成長的機會。

＊演化心理學：對照生物演化論，研究人內在湧現的心理象徵為何種意義的學問。

選擇、最適化與補償

(Selection, Optimization & Compensation，簡稱SOC模式)

實現老後能夠幸福生活的策略。

人為了達成幸福生活的目標，會思考各種手段。德國心理學家巴爾特斯將這項策略分成「選擇」、「最適化」、「補償」三大要素並提出理論。

「選擇」是指自己要選擇什麼樣的目標；目標過大過小都不可以。「最適化」是為了達成目標，盡可能有效率地行動；必須認清自己此刻擁有的能力與資源。「補償」是用其他東西彌補自己缺乏的部分。這三項都是在人生任何時期都適用的策略，但對於年紀大而失去各種東西、資源有限的高齡人士來說，是更重要的思考方式。

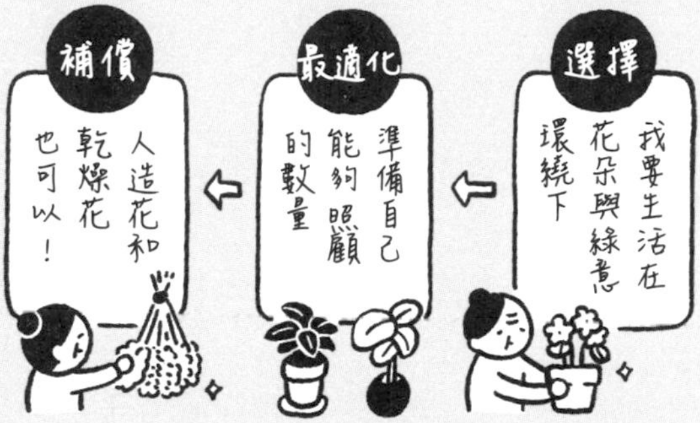

世界級鋼琴家魯賓斯坦（Arthur Rubinstein）即使已經高齡八十，仍持續登臺演奏絕妙樂章。問他祕訣是什麼，他回答：「減少演奏的曲目，增加每首曲子的練習時間，替節奏增添變化彌補手指移動變慢的問題。」

他可以說是適應衰老變化的最佳「選擇、最適化、補償」範例。這並非只有具備特殊才能的人才適用，眼睛老花嚴重就戴上老花眼鏡，體力衰退就別做不習慣的事，縮短時間且有效率地完成自己擅長的事情，才能夠過著充實的生活。

這一件件小事的累積，就是人人都能用來實現豐富老後生活的適應策略。

主觀幸福感（Subjective well-being，簡稱SWB）

衡量對自己的人生有多滿意的測量尺度。

幸福感的意思是「覺得幸福的感覺」，問題是「誰覺得幸福？」高齡人士是否幸福，視個人的想法與感覺而不同；有些人覺得在家人環繞下熱鬧生活很幸福，也有人不喜歡顧慮別人，認為獨處很幸福。所謂的「主觀幸福感」就是尊重個人觀感、連細節都注意到的幸福量表。

最近不再強調「幸福感」，而是改以「主觀幸福感」來表達更完善的老後狀態，這對不管是高齡人士本人來說，或是對家屬和照顧者來說，都是很重要的概念。

能夠一邊思考自己想怎麼做一邊生活，而不是遵照別人的標準，才稱得上幸福。

心理幸福感（Psychological well-being，簡稱PWB）

需要滿足多少心理機能才能夠活得更好的測量尺度。

「主觀幸福感」是測量「現在滿意度」的尺度，另一方面，「心理幸福感」則是把焦點集中在有助於活得更好的心理機能上。

構成這個幸福尺度的是「自我接納」、「人生目標」、「個人成長」、「與人建立正向關係」、「環境掌控力」、「自主性」這六個概念。

個人成長與人生目標這兩項，在五十幾歲到六十幾歲時是處於幸福高峰期，過後就開始走下坡，但其他四項不易受到年齡增長的影響，或者是因人而異。

只要能與人建立正向關係，過著自主生活，無論到幾歲都會覺得幸福。大家務必要成為這樣的高齡人士。

生存意義

能夠找出人生的價值、帶來活著的喜悅。

健康問題是高齡人士最關注的焦點。維持不生病的身體固然重要，但光是這樣不能算是健康。活得有目的、有生存意義，與社會保持連結，感覺自己朝著幸福前進，這樣的人才能夠說在身心兩方面都很健康。

統計資料顯示，有生存意義的高齡人士在身心兩方面多半健康又長壽。美國的研究報告指出，即使是住在安養院的失智症高齡者，只要可以自主決定飲食內容等，壽命就比不能自行決定的人更長。

想要保持良好的健康狀態，必須同時考慮到身心問題。

索引